新しい封建制がやってくる

グローバル中流階級への警告

The Coming of NEO-Feudalism
A Warning to the Global Middle Class
Joel Kotkin

ジョエル・コトキン
中野剛志【解説】
寺下滝郎【訳】

東洋経済新報社

［凡例］

- （　）の部分は原著者による補足
- 〔　〕の部分は訳注または訳者による補足
- 引用部分は、既訳がある場合には基本的にそれを採用し、原著者の引用意図が既訳では明確になっていない場合には訳の一部または全部を改めた。なお邦訳の引用元は「原注」に明記してある。

＊本書の原注は、以下のURLからPDFをダウンロードできます。
https://str.toyokeizai.net/books/9784492444788/

THE COMING OF NEO-FEUDALISM: A Warning to the Global Middle Class
by Joel Kotkin

【日本版解説】

現代の「聖職者」＝「有識者」が正当化する21世紀の「封建制」

中野剛志（評論家）

階級格差が固定化して停滞する現代都市の生態

欧米の優れた研究者が一般向けに書いた著作を読むたびに思うのであるが、どうして、我が国にはこのようなタイプの作品がかくも少ないのであろうか。古今東西の哲学や歴史の深い教養に根を下ろしつつ、一流の社会理論に、膨大な実証研究やデータによる裏付けを用意し、重層的な論理で読者に迫りながら、巧みなレトリックによって飽きさせず、さらに説得力を増して訴えかけてくる。しかし、上から見下ろすような傲慢な姿勢ではなく、読者と共に行動しようとする。そういう啓蒙の伝統が西洋のアカデミズムには、まだ残っているようである。本書でもまた、同じ感慨にとらわれて、思わず嘆息してしまった。

著者のジョエル・コトキンは都市研究の専門家であるが、都市とは時代を映し出す鏡のようなものなのかもしれない。ルイス・マンフォード、ジェイン・ジェイコブズ、より最近では、サスキア・サッセンなど、都市の変遷という視角から文明の本質に光を当てようとする研究は、いずれも総合的でダイナミックである。特に、アメリカの都市研究には、優れたものが多い。ヨーロッパのような中世都市の伝統を持たず、共同体すら存在していない地に近代都市を建設していったアメリカにおいて、都市の持つ意味は格別に重大なものであった。アメリカにおける都市研究とは、社会学そのものだったのであろう。本書も、そういう都市研究の伝統に連なるものである。特に本書第Ⅵ部は、グローバルシティやゲーティッドシティなど、現代の都市の生態を分析しており、彼の都市研究家としての本領が発揮されている。その現代の都市が映し出していたのは、コトキンが「新しい封建制」と呼ぶ、階級格差が固定化して停滞する現代社会の未来であった。

2013年にトマ・ピケティが『21世紀の資本』を発表して以降、社会格差の問題をめぐる議論が活発に行われ、おびただしい研究が行われてきた。しかし、それから10年経って、事態は改善するどころか、悪化の一途をたどっている。

第二次世界大戦後に定着し、冷戦終結によって強化された、資本主義と民主主義に対する信念、さらに言えば、進歩そのものに対する信念が地に堕ちた。それどころか、歴史は、進歩とは逆のコースを歩み始めているのではないかという疑念すら持ち上がっている。

最近も、アメリカの保守派の論客であるマイケル・リンドが、『新しい階級闘争――大都市エリートから民主主義を守る』（東洋経済新報社）を世に問うた。第二次世界大戦後の資本主義の繁栄と格差の是正によって克服されたかに思われた階級闘争が、中産階級の没落によって、再びよみがえったというのである(1)。

コトキンに至っては、歴史はもっと退行して、ついに「新しい封建制」を現出するまでに逆戻りしたと論じている。格差の拡大は確かに問題ではあるが、それを「封建制」と言うのは大げさだと思うかもしれない。しかし、本書を読めば、そのような認識が甘かったことに気付くであろう。

「新しい封建制」の最先端は「シリコンバレー」だった

コトキンは、カリフォルニア州に住んでいるが、カリフォルニア州こそ、貧富の格差が最も激しい地域の一つであり、「新しい封建制」の未来を先取りしている。とりわけ、最先端のハイテク産業の中心地として、日本のエリートたちが羨望してやまないシリコンバレーは、「新しい封建制」においても最先端の地であった。

１９８０年代のシリコンバレーは、平等主義の手本とされ、労働者階級や中産階級の人びとが持ち家を所有するようになる「カリフォルニア・ドリーム」を実現していた地であった。しかし、シリコンバレーがソフトウェア産業などのハイテク分野で世界的に優位に立つようになるや否や、階級間格差が拡大していき、今ではシリコンバレーの住民の3割近くが、公的・私的な経済援助に依存しているという。過去30年間で、雇用の中心が製造業からソフトウェア産業へと移行したことが原因の一つと考えられる。

この間、製造業の雇用が大きく失われたが、ソフトウェア産業は製造業ほど労働者を必要としない上に、一時滞在ビザを持つ非市民を大量に雇用するので、市民の雇用は増えないのである。結局、巨大なテック企業は少数の億万長者を生み出しただけで、そこで働く人びとの多くは、低賃金の請負契約でサービス業に従事する労働者や、いわゆる「ギグワーカー」である。彼らの多くは、トレーラーハウスで野営生活を送るホームレスであり、シリコンバレーのホームレス野営地は全米最大級だという。しかも、このシリコンバレーにおける階級間格差は固定化し、いわゆる社会的流動性は著しく低下しているというのである。

近年、我が国でも「DX（デジタルトランスフォーメーション）」が叫ばれているが、これが「新しい封建制」へのトランスフォーメーションになるのだとしたら、皮肉としか言いようがない。デジタル庁は、今すぐにでも、シリコンバレーの現地視察に行って、「新しい封建制」の実態を学ぶべきであろう。

さらに、最近では、DXに続いて、「GX（グリーントランスフォーメーション）」が提唱されるようになっているが、これもまた「新しい封建制」へのトランスフォーメーションになりそうである。

「グリーン宗教」が現代人の精神を支配する

中世の封建時代では、宗教が人びとの精神を支配していたが、コトキンの診断によれば、「新しい封建制」において宗教の役割を果たすのは、環境保護主義だというのである。「伝統宗教が衰退しつつあるなか、環境保護主義は新しい時代の宗教のようなものになりつつある。キリスト教は、神に喜ばれる生き方や身の処し方の指針を示したが、環境保護運動は、人びとをより自然と調和した生活に導こうとするものである」。

確かに、環境保護主義者が示す地球環境の破滅の未来は、キリスト教における「最後の審判」の預言を彷彿とさせる。コトキンは、現代の環境保護主義を「グリーン宗教」とまで言う。

次の引用は、マルティン・ルターが教会の門扉に貼りだし、宗教改革の引き金を引いたとされる文書「95か条の論題」になぞらえては大げさだろうが、グリーン宗教の信者が目を覚まさずとも、そむけたくなるような辛辣な一節である。

だからといって、現実の環境危機に立ち向かう必要はないと言いたいのではない。それはちょうど、キリスト教による人間の罪や利己心への批判が、私たちの生活とは無関係だと考えてよいわけではないのと同様である。しかし、いまも昔と変わらず、貧しさを甘んじて受け入れるよう他人を諭したり、貧しさを美徳として称賛したりする人びとのなかには偽善的な連中もいる。中世において、大半の教区司祭とカトリック信者は厳しい窮乏状態にあったが、多くの司教は、ペトラルカが言うように「黄金を積み、紫衣をまとって」贅沢に暮らしていた。同じように、環境保護主義者は、一般市民に質素倹約を押しつけながら、環境保護運動を支持する超富裕層の身勝手な行為に贖宥状を与えている。「グリーン・リッチ（環境成金）」と呼ばれる連中は他人には消費を控えるよう呼びかけながら、自分たちは炭素クレジットを購入したり〔道徳的正しさをアピールする〕美徳シグナリングを示したりといったかたちで現代版の贖宥状を買っている。これによって、優雅に地球を救えるというわけである。先ごろ2019年1月、地球環境危機について話し合う会議に参加する人びとを乗せたおよそ1500機のプライベートジェットが温室効果ガスをまき散らしながらダボスに到着した。著名な気候活動家たちのなかで、豪邸やヨット、山ほどある自家用車を手放すそぶりを見せる者などほとんどいない。（第9章）

この環境保護運動を支持する超富裕層の偽善ぶりは、現代の時代精神を特徴づけるもののように思われる。類似の分析としては、本書の数か月前に邦訳が刊行されたカール・ローズ『WOKE

CAPITALISM――「意識高い系」資本主義が民主主義を滅ぼす』（東洋経済新報社）があるので、参考にされたい。(2)

現代の「聖職者」となった「有識者」とは何か

本書の中でも特に秀逸だと思うのは、第Ⅲ部における「有識者」の分析である。支配体制を維持するには、それを正当化する論理を提供する「正当性付与者」が必要である。中世の封建制においては、聖職者がその役割を果たした。しかし、近代に入り、宗教の衰退とともに聖職者の正当化者としての役割は低下し、代わって、大学教授、科学者、公共知識人などのいわゆる「有識者」が「正当性付与者」となっていった。この「有識者」について、コトキンは、より広く、教師、コンサルタント、弁護士、政府官僚、医療従事者、ジャーナリスト、芸術家、俳優など、物資的生産以外の仕事に従事する者を含めている。

現代社会は複雑であり、その運営には高度な専門的知識を要する。一般市民の政治参加、すなわち民主主義ではうまくいかない。高度な知識を有するエリートである「有識者」による支配の方がうまくいく。このような論調がある。しかし、現代の「有識者」が実際に行っているのは、次のようにして、現支配体制を正当化することなのである。

有識者層と寡頭支配層の多くは、貧困の拡大、社会的格差の固定化、階級間の対立といった経済停滞の影響に対処しようとはせず、幅広い人びとのための経済成長よりも「持続可能性」の理想を追求している。中世の聖職者が物質主義に異を唱えたように、今日の学界やメディアで活躍するインテリたち、さらには企業エリートの一部も、ダイナミックな経済、イノベーション精神、日常生活の改善への取り組みといった考え方それ自体に懐疑的な目を向けている。「進歩は神話だ」という声すらある。このように、有識者たちのあいだでは、社会的上昇はもはや過去の遺風であり、いま私たちがなすべきは、富と機会を拡大する方法の探求ではなく、社会的不満の解消や環境保護くらいのものだという悲観的な思いが強まっている。（第3章）

最近、我が国でも、「いま私たちがなすべきは、富と機会を拡大する方法を模索することではなく、社会的不満の解消や環境保護くらいのものだという悲観的な思い」を率直に表現するようなインテリたちが台頭しつつある。彼らは、権威や体制に反抗しているように見えるのだが、実際のところは、コトキンの言う「有識者」として、支配体制を正当化する役割を果たしてしまっているのかもしれない。

コトキンは、「新しい封建制がやってくるのをなんとか遅らせ、できれば押し戻さなければならない」と訴える。彼は、保守反動に分類されるような論者ではない。しかし、時代の流れが劣化に向かっているのだから、その流れに逆行する「反動」こそがむしろ進歩だというわけである。このような力強い表現は、「長いものには巻かれろ」「バスに乗り遅れるな」といった調子で、時代の流れや大勢に追従するのを旨としてきた現代の日本人からは、まず出てこないものであろう。

（1）中野剛志「『右と左』ではなく『上と下』の対立が問題な理由――『新しい階級闘争』を回避し民主主義を守る思想」東洋経済オンライン、２０２２年（https://toyokeizai.net/articles/-/628451）

（2）中野剛志「『意識高い系』資本主義が『賃金ＵＰ』を抑えている訳――企業が『ＳＤＧｓ』や社会正義に取り組む本当の理由」東洋経済オンライン、２０２３年（https://toyokeizai.net/articles/-/664325）

初版への序文

本書は、右派のものでも左派のものでもない。階層化（階級分化）が進み、停滞が続く社会の傾向について分析を試みるものである。本書はまた、世界の中流階級に向けた警告の書でもある。現在、広く世界で新しい封建制へ向かう流れができており、もはや後戻りは無理かもしれないが、本書がその流れを食い止めるための議論を喚起し、行動を鼓舞する一助となれば幸いである。

長年の民主党員、現在は無所属である私には、これがイデオロギーや党派性の問題であるとは思えない。進歩派はもとより、保守派も含め、大多数の人びとが、階級の固定化や富と権力の巨大な集中からなる未来を望んでいないと信じたい。それは、アメリカのみならず、イギリス、オーストラリア、カナダ、ヨーロッパ大陸の大部分、さらには急速に発展している東アジアの国々を含む世界的な現象である。

現地報告、とりわけアメリカ、オーストラリア、イギリス、シンガポール、インド、中国から得られる情報は、本書を完成させるうえで大いに役立った。しかしそれと同時に、過去の偉大な分析者であるアレクシ・ド・トクヴィル、カール・マルクス、マックス・ヴェーバー、ダニエル・ベル、堺屋太一、アルビン・トフラーらによるそれぞれの時代の状況認識について考えることからも大いに示唆を得られた。

地平線に見え隠れする未来は、いかなる国にとっても、また自分の子どもたちにとっても望ましい未来ではない。本書の意図するところは、過去数世紀にわたって自由民主主義の特徴であり続けた独立と自由、社会的上昇の可能性を大切に考えている人びとを結集させることにある。

ペーパーバック版への序文

本来、自分の主張の正しさが出来事によって裏付けられることは、著者にとって何よりの喜びであるはずなのだが、2020年に本書を書き終えて以来、私が目にした事態に喜びを見いだすことは難しい。この2年間の重要な出来事、すなわち新型コロナパンデミック、世界の主要都市における混乱の拡大、ロシアによるウクライナへの残虐な帝国主義的戦争などはいずれも、私が本書の執筆を始めるきっかけとなった自由民主主義からの後退を証明するものであった。

COVID-19への正しい対応のあり方については議論の余地があるものの、実際問題として、今回のパンデミックは、アメリカのみならず世界中で、寡頭支配を続けるエリートとその他大勢のあいだの格差を広げた。最大の被害者は、どこの国でも労働者・中流階級であった。[1] レストランや接客業など一部の業界は、さまざまな小規模事業者と並んで、特に深刻な影響を受けた。パンデミックの発生から2年余り経った2022年4月時点でも、アメリカ国内の中小企業の3分の2は苦境に立たされており、数十万社が閉鎖に追い込まれた。[2] 特に貧困層や労働者階級の子どもたちは、学習機会を奪われ、社会的孤立に苦しんだ[3]。一方、大卒でホワイトカラー職にあるリモートワークが可能な人たちは、それほどの影響は受けなかった。

パンデミックによって事実上儲けていた集団もある。左派系ジャーナリストのナオミ・クラインが「スクリーン・ニューディール」と呼ぶ取り組みを推進したテックジャイアント（巨大テック企業）は明らかに勝ち組であった。彼らは「恒久的で、収益性が見込める非接触型未来」の創造をめざしている[4]。アップル、アルファベット（グーグルの親会社）、アマゾン、マイクロソフト、フェイスブック（現メタ・プラットフォームズ）は未曽有の利益を上げ、2020年7月末までに評価額の合計を2兆5000億ドル以上も上乗せした[5]。その後、収益は悪化したようだが、これらの企業は世界で最も裕福で強大な力を維持しており、うち4社はトップ5に入っている[6]。もう一つ、明らかに勝ち組なのが大手製薬会社だ。2021年5月、ファイザー社だけで同年末までに新型コロナワクチンから260億ドルの収益を得ると予測され、同社の増収は2022年の第1四半期まで続いた[7]。

COVID-19は、先進国のなかに勝ち組と負け組を生み出しただけではなく、世界における富裕国と貧困国のあいだの格差をも浮き彫りにした。今回のパンデミックで壊滅的打撃を受けたのが最貧困国である。過去半世紀にわたる東アジアの発展にとってきわめて重要な要素である工業能力が十分に備わっていなかった国々である。アフリカその他の貧しい地域では（カール・マルクスの言うところの）「産業予備軍」〔訳注　失業または半失業状態にあって、就業の機会を持つ人びと〕

が拡大し、社会不安を惹起《じゃっき》させるほどにまで膨れ上がっている。ラテンアメリカ、アフリカ、中東では、すでに長期債務不履行に陥っている国もあり、今後もあとに続く国が出てくるかもしれない。[8]

パンデミックの政治的余波は、欧米諸国でも混乱を招いた。病院は患者で溢れ、死者が急増し、医療従事者のウイルス感染も相次いだため、COVID-19への強力な対策が確実に求められた。その一環として、ワクチン製造が加速されたことは評価に値する。しかし、ほとんどの国の当局者のあいだに、ある顕著な傾向がみられた。政策決定に際して通常の民主的手続きを回避する傾向である。厳しい措置が時に独断で講じられることもあった。パンデミックが長引くにつれ、暫定的な命令が何年も引き延ばされ、どこかの段階で必要とされるはずの国民の承認が得られないまま定着していった。こうして、国民自治の原則は損なわれた。[9]

このような危機のなかで冷静な議論を行うことは、不可能ではないにせよ難しくなった。概して主要メディアは、政府当局が発表した内容を繰り返し伝えるだけであった。ウイルスとその起源、影響を最小限に抑えるための最善策などにたいする異論は、たいてい抑え込まれた。COVID-19対策の規制を強く支持する者もこれに強硬に反対する者もお互いを悪者扱いした。陰謀論や怪しげな治療法を勧める影響力のある主張が特に右派の側から起こった。確かに、生命や健康に害を及ぼすおそれのある提言については精査されるべきではあるが、政府関係者やソーシャルメディアが、支配的な政策にたいする熟慮された批判すら排除しようとしたことは問題である[10]。歴史上幾多の危機がそうであったように、間違いなく公衆衛生上の深刻な危機である新型コロナパンデミックは、政府による言論と行動の統制をかつてなく強化する状況をもたらした。国民の怒りが爆発したのはアメリカだけではない。フランスやオーストラリアなど他の民主主義国も同じであった[11]。

さらに悪いことには、政策決定において国民の承認を避ける傾向が定着してしまうことも考えられる。環境保護主義者のなかには、ＣＯＶＩＤ-19への対処策として講じられた一連の異例な措置について、人類と地球を救うために必要だと信じる規制の「試験運用」とみなす人もいる[12]。国連環境計画（ＵＮＥＰ）のインガー・アンダーセン事務局長は、自然が「私たちにメッセージを送っている」と述べ、新型コロナパンデミックやその他の感染症が起こる理由は、野生動物の生息地に人間が足を踏み入れるようになり、人間が動物からウイルス感染しやすくなったからだと考えている。パンデミックと環境問題との関連性は、下流階級が犠牲を払いますます貧しくなる一方、（中世の貴族や聖職者に相当する）現代社会の上流階級はほとんど痛痒《つうよう》を感じないという「エコ中世的」世界観に通じるものがある[13]。

新型コロナパンデミックとそれに伴う規制やオンラインワークへの移行も、大都市の衰退を加速させた。パンデミックの時期にアメリカの都市では殺人件数が急増した[14]。もっと言うと、ロンドン、パリ、ニューヨーク、ロサンゼルス、サンフランシスコなど世界の多くの大都市も、近年さらに危険な場所になっているのは明らかである。世界各地の不安定状況は憂慮すべきレベルにまで達しており、封建時代の再来を予感させるものがある。

パンデミックによって不安や動揺が起こる以前から、街中での暴力行為や財産犯罪は増加していたが、これに対処しようという都市当局の強い意思がみえないため、大都市からの人口流出は加速した。2010年から2020年にかけて、アメリカでは都市部の中心的な郡の人口は270万人減少したが、大都市圏の郊外・準郊外の人口は200万人増加した。2015年以降、大都市は小規模の市や町に人口を奪われる傾向にある。2022年には、都市の犠牲のうえに農村部の人口も増加した。[15] 歴史を通じて、都市は文化と経済の発展の中心であり、イノベーションと社会的地位の上方移動（upward mobility）〔以下、「社会的上昇」〕を生み出す主要な拠点であった。今日みられる都市の衰退と都市からの人口流出は、ローマ帝国末期を思い起こさせるものがある。それは、より断片化した地域社会への回帰であり、そこから封建制秩序が生まれることとなる。

都市の衰退とともに、全世界で民主主義が衰退し、権威主義が台頭している。フリーダム・ハウス〔訳注　世界規模で自由を守るために活動する国際NGO団体〕が2021年に発表した報告書によると、ヨーロッパですら民主主義は世代を超えて衰退しており、隣接するユーラシア諸国の政府は、選挙のような一部の民主主義的形式と権威主義的なメディア規制、市民デモや公然たる政権批判にたいする厳しい制限を組み合わせた「ハイブリッド政権」が大半だという。[16] 一時は全世界が自由民主主義と市場資本主義に向けて進歩を続けていくように思われたが、いまや中国の習近平、ロシアのウラジーミル・プーチン、トルコのレジェップ・タイイップ・エルドアンといった専制君主や（彼らほど強力ではないにせよ）権威主義者たちの支配する新たなユーラシアの世紀がやってきかねない状況だ。彼らの視線の先にあるのは、ジョン・ロックやジェイムズ・マディソンではなく、中国の皇帝やロシアのツァーリ、オスマン帝国の皇帝たちである。

中国は２００１年のＷＴＯ加盟で、欧米の民主主義国家に近い体制に移行するものと広く期待されていた。だが結局のところ、経済大国へと躍進した中国は、個人の政治的権利や財産権といった自由主義文明の基本的要素を受け入れることはなかった。現在の中国は、モンゴル帝国や14世紀の明王朝の時代と同様、立憲民主主義国家になる可能性はほとんどない。半永久的なカースト特権とテクノロジーにより社会統制を強めることで防御を固めたきわめて国家主義的な専制国家へと発展した[17]。

ユーラシア的性格を持つ今日のロシアは、復讐心の強い国家（レヴァンチスト）でもある。冷戦の終結によりロシアは民主主義国家に発展するという楽観的見方もかつてはあったが、プーチン政権下で独裁色が強まり、過去の帝国時代に近づきつつある。プーチンは国内統制を強める一方で、ツァーリやスターリンの領土征服を再現して帝国の版図を拡大しようとしている。ツァーリの時代と同様、ロシア正教会はプーチンの専制支配と民族主義的侵略を祝福している[18]。

ロシアでも中国でも、専制体制は国家の偉大さと優位の正当性を誇る感覚と密接に結びついている。サミュエル・ハンティントンが四半世紀前に示した鋭い分析によると、専制君主は世界の舞台で自らの権力を主張する正当な理由として歴史的不満を持ち出すことがあるという。ハンティントンは、「ワールド・コミュニティ」の構成メンバーであることを鼻にかけた欧米諸国が過去に行ってきた不当な扱いが怒りを買い、他の大国が失地回復を図るべく行動に出る時代に突入しつつあると指摘した[19]〔訳注 「このワールド・コミュニティという言葉自体が、婉曲に（自由世界を意味する）集合名詞となり、これによりアメリカと他の西欧諸国の利益を守る行動を正当化しようとしている」（『文明の衝突』鈴木主税訳、集英社、1998年）276頁〕。北京政府は、中華文明が何世紀にもわたって占めていた高位の座を奪還し、世界の覇権を握ろうとしている。プーチンのロシアは、ツァーリの栄光に包まれた旧ソビエト帝国の超大国としての地位を挽回しようとしている。

プーチンは西側諸国の力を侮り、少なくともウクライナの一部を服属させようと試みる一方、かつてロシアが支配していた中央アジアからベラルーシに至る周辺諸国をも視野に入れている。北京政府は、プーチンの情け容赦ない対ウクライナ攻撃を容認する一方、アジア周辺地域で自国の力を誇示し、台湾を征服すると脅している。これは、小国の主権を守る国際法から「力こそ正義」の世界へと歴史を逆行させるものである。ロシアも中国も、自分たちの思い描いたとおりに世界秩序をつくり変えようとしている。特に中国は、自国の社会形態が未来のかたちであると確信している[20]。専制体制が権力と影響力を強めるにつれ、そのモデルが規範となり、既存の市場資本主義や民主主義に取って代わるおそれがある。

一方、民主主義社会における階級間の格差はますます広がり、特権はより強固なものとなっている。階級がほぼ固定化されている現実は、今日の状況が封建時代に最も似たところである。ただし、中世後期に強力な君主たちが台頭してくるまで封建制を特徴づけていた分権的統治は存在しない。社会的階層化が進んだ結果、中道派の政党や政治家は隅に追いやられてしまった。たとえば、2022年6月にフランス国民議会の選挙でエマニュエル・マクロン率いる中道右派連合が絶対多数を失い、極左・極右がともに多数を占めた。有権者が二極化すれば、民主的妥協はますます困難となる。特にアメリカの二大政党制ではそれが顕著である。

歴史的には、いまも目の当たりにしているように、危機は政府の統制強化や権力集中化の口実となりうる。しかしながら、最悪の悲劇ですら、創造的実験を刺激し、新たな機会を開き、自由の再生を促すこともある。最もよく知られている例が、14世紀の黒死病である。この致命的な疫病により、ヨーロッパでは実におびただしい数の人びとが死に絶えた。その当時、自分たちは「終末」の世界に生きているのだと多くの人びとが信じたのは、驚くには当たらない。アメリカの歴史家バーバラ・タックマンの言葉を借りれば、「黙示録的な空気が漂っていた」のである。しかし、その文明の破局が労働者不足を招いたことで、労働の価値は高まり、封建制秩序は崩れ、第三身分の台頭に道を開いた。さらにはイノベーションを呼び起こし、ヨーロッパを大航海時代に向かわせ、世界の海の征服につながったのである。[21] ひょっとすると、現在私たちの頭上を覆う暗雲の隙間に虹がかかっているのかもしれない。新たな事業を起こし、民主主義の理想を復活させる好機が到来しているのかもしれない。実際、希望に満ちた再生の兆しが草の根レベルでちらほら見えはじめている。

新型コロナパンデミックは、中世末期の大疫病やその他の混乱と同様、人びとに困難な状況に適応し、新しい働き方や事業の継続の仕方を模索することを余儀なくさせた。業界によってそれが容易なところもそうでないところもあったが、総じて自営業者は、通常の賃金労働者や給与所得者よりもうまく苦況を切り抜け、早期に回復することができた。パンデミックのさなか、多くのアメリカ人が起業家として再出発し、新規事業を次々と立ち上げ、その多くはオンラインワークへの移行を実現した。[22]

起業家精神の高まりは、新しい封建制の亡霊に対抗するものとなる。2021年には、数年ぶりに新規事業の立ち上げ件数が大幅に増加した。大都市からの人口流出も、リモート勤務をしたり、自分が選んだ居住地で起業したりする人が増えれば、良い結果をもたらすであろう。何世紀にもわたって、都市がダイナミズムと文化的創造性の原動力であったことは事実であるが、同時に犯罪や病気を生む温床にもなってきた。COVID-19が最初に大都市で広まったことを思い出してほしい。[23]現在の都市は、健康・衛生上の理由に反して、また〔自家用車を持ち、「戸建てに住むという」多くのアメリカ人の嗜好とは裏腹に、公共交通機関の利用を増やし、人口の高密度化を促している。人びとに密集した生活を強いるよりも、より分散化された経済を発展させたほうが、「戸建てを持ちやすく、社交的なコミュニティを形成しやすくなり、健康の増進や民主主義の醸成にもつながるのではないか。21世紀の大都市からの人口流出が、世襲貴族による農民支配につながることはないであろう。人びとは自分の好きな場所に住んで働くことができれば、より強い自立心と主体性を持ち、地域社会への貢献を高めるようになる。[24]

もう一つ希望の持てる兆しは、人びとが権威・権力者の優先順位に疑問を抱くようになってきていることである。２０２１年にアメリカのギャラップ社が行った調査の結果、議会や裁判所を含む行政機関、大企業やウォール街などへの信頼度がかつてなく低下していることが判明した。[25] アメリカ疾病予防管理センター（ＣＤＣ）は、新型コロナパンデミックの初期には神話的ともいえる権威を獲得したが、その後は大多数のアメリカ人の信頼を失い、現在はその一般向けメッセージの大規模な見直しが行われているところである。[26] 感染対策のロックダウンをめぐっては、アメリカのみならず、カナダなど世界各地で猛烈な抗議が繰り広げられた。怪しげな反ワクチン・イデオロギーも対立と抵抗を引き起こした。制度や当局への不信感が蔓延すると（特にそれが暴力に至る場合には）社会をむしばむ可能性があるのは事実である。２０２０年夏に起こったジョージ・フロイド氏殺害事件後の暴動がその例であり、２０２１年1月の米大統領選挙の結果認定日に錯乱したドナルド・トランプ支持者らが議会議事堂を襲撃した事件はおそらく最も衝撃的な出来事であった。しかし、国民が権力者におとなしく服従するただの臣民になり下がりたくないのであれば、健全な懐疑心と発言する意志を持つことが重要である。

おそらく最大の問題は、欧米諸国がこの反骨精神を汲み取り、無政府状態に陥らずに専制的な潮流を引き戻すことのできる指導者を生み出せるかどうかということであろう。近年は、思慮分別があり、国民を鼓舞するような指導者には恵まれていない。むしろナルシシストや老いぼれども（dodderers）のオンパレードである。現在の経済構造から恩恵を受けている上流階級が、専制政治や新しい封建制への抵抗を促すような行動をとることはないであろう。そうした動きは、権威・権力者の支配に挑戦するグループが草の根から起こすものであるにちがいない（その挑戦は組織的な場合もあれば、特定の問題に絞ってなされる場合もある）。それは、政府の理にかなった政策を拒否することを意味しない。むしろ政策を討議する場に市民を参加させることや、政策の責任を選挙で選ばれてもいない有識者ではなく、国民に選ばれた代表者に担わせることを要求するものである。私たちの未来はこのところどうも先細りしていく気配が濃厚だが、普通のアメリカ人が自分自身と家族のためにより良いものを求める強い意志を持つならば、希望なき未来は避けられる。

そのような民主主義を維持するためには、攻撃的で拡張主義的な専制国家と国外で対決することも必要になる。地球規模の舞台では、中国が台湾を征服し、この地上の支配的文明となる野望を抱いていたり、ロシアがソビエト帝国の再建という野望から自国民に厳しい統制を敷きつつ、ウクライナに野蛮な攻撃を仕掛けていたりと、冷戦終結後最大の自由主義的価値観への攻撃を目の当たりにしている。欧米諸国が日本やインドと連携して、中国の挑戦に対応する準備ができているようにみえるのは驚くほどだ。ほとんどのヨーロッパ諸国は、関与の程度に差こそあれ、アメリカとともにロシアの対ウクライナ戦争に反対している。ロシアの侵略によって、ウクライナ国民のみならず、多くの近隣諸国民は、この地域で専制国家が勢力を拡大すれば、自分たちが何を失うことになるのかをはっきりと痛感させられた。

ファシズム、国民社会主義（ナチズム）、ソビエト共産主義など、専制的な帝国や体制の崩壊を私たちは過去に見てきた。自由、機会、自治に希望を抱く人びとは、しばしば多大な犠牲を払いながらも、自分たちの国の専制政治を倒すために結集した。自治の理念がどこかで息づいているかぎり、独裁者は不安を抱きつづける。また人びとが自己決定を望み、それが生得の権利であると信じているかぎり、既得特権や既成権力にたいするあらゆるかたちの挑戦がなされるであろう。

究極的に人間は上からの恣意的な支配に喜んで服従することはない。民主的自治を再生させる余地はまだ残されている。封建制がルネサンスを経て民主主義の発展につながったように、またソビエト帝国の崩壊がその周辺に自由で豊かな国々を生んだように、今日でも民主主義を再生させることは可能である。必要なのは、政治的・経済的な大領主（overlord）におとなしくひれ伏すことではなく、より応答性の高い統治を求める勇気と、より開かれた起業家社会を実現しようとする意志だけである。

ジョエル・コトキン
カリフォルニア州オレンジ
２０２２年６月

目次

第Ⅰ部

封建制が帰ってきた

「歴史は繰り返さない。繰り返すのは常に人間である」

ヴォルテール

第1章 封建制の復活

封建制が帰ってきた。とうの昔に歴史の屑籠に捨て去られたと思われていたものが。もちろん、見かけは昔のものとは違う。鎧兜に身を包んだ騎士も、領主に恭順する家臣も、強大な権力を持って正統派として君臨するカトリック教会も登場しない。今日アメリカその他の国で出現しつつあるのは、新しいかたちの貴族制である。というのも、脱工業経済のもとで、富が少数者の手に集中する傾向がますます強まっているからだ。社会の階層化が進み、多くの人びとにとって社会的上昇の機会が狭まりつつある。新しいヒエラルヒーを知的に支える役割を担うのは、思想的リーダーやオピニオンメーカーたちの階級である。ここでは、彼らのことを「有識者（clerisy）」と呼ぶことにしよう。社会的上昇の道が閉ざされようとしているなか、自由主義的資本主義（liberal capitalism）モデルは世界中で魅力が褪せていき、いくつかの新しい教義《ドクトリン》が現れつつある。その一つが、新しい封建制（neo-feudalism）とでも呼ぶべきものを支持する教義である。

歴史的にみると、封建制は必ずしも画一的な制度ではなく、それが長く続いた地域もあれば、そうでない地域もある。しかし、中世ヨーロッパの封建制の構造には、いくつかの顕著な特徴がみて取れる。階層性の強い社会秩序、下位の者を上位の者に縛る個人間の義務の網の目、排他的社会階級（カースト）の永続、大多数の人びとの恒久的な農奴的地位などである。[1] 少数者が多数者を支配するということが自然の権利として行われていた。封建的統治は、それに先立つローマ帝国やあとに続く国民国家よりもはるかに分権的であり、個人間関係への依存度は自由主義的資本主義や国家主義的社会主義よりも強かった。しかし封建時代には、経済も人口も停滞状態にあるなか、絶対的な正統性に支えられた秩序ある社会という静的な理想が、ダイナミズムや流動性に優っていた。

現代と最も似ている点は、社会的流動性（social mobility）の激しい時代を経たあと、富が少数者の手に集中するようになったことである。20世紀後半、先進国では中流階級の層が厚くなり、労働者階級の地位が向上するなど、繁栄の果実が広く享受されたが、これは多くの途上国でもみられた。だが今日、大半の国で経済成長の恩恵を受けているのは主として国民の最富裕層である。よく引用される試算によると、世界人口の上位０・１％が保有する世界の富の割合は、１９７８年には７％であったが、２０１２年には22％にまで増加したとされる。[2] 最近のイギリス議会の調査では、この世界的な傾向は今後も続くとみられ、２０３０年には、上位１％の富裕層が世界の富の３分の２を支配することになると予想されている。[3]

こうした富は世代を超えて受け継がれ、閉鎖的な貴族階級のようなものを形成する傾向がある。貴族は法律上の特権的地位や政治権力を相続権によって手に入れることはないかもしれないが、その富によって政治的・文化的影響力を獲得することができる。かくして民主主義国と思われている国で、強力な中央集権政府に新しい封建的貴族制を接ぎ木した寡頭制が出現しているのである。

中世におけると同じように、この寡頭制の権力と特権を支えているのは、影響力のある認知エリート、つまり私が「有識者（層）」と呼ぶ人たちである。この言葉は、サミュエル・テイラー・コールリッジの造語である。彼の念頭にあったのは、教会の文化的役割が低下するなか、自分たちの学識で社会を導こうとする世俗の知識人たちである〔訳注　コールリッジはこの言葉を「一国の学識ある人びと、その国の詩人、哲学者、学者」を意味し、「もはや聖職者（clergy）とは関係のない概念を表す」とした［ＯＥＤ］〕。現代の有識者は、グローバルな文化クリエイター、アカデミズム、メディア、さらにはいまだ残る伝統的宗教団体の多くを支配している人たちである。彼らは、グローバリズムや環境問題などについて、寡頭支配者たち（oligarchs）と多くの信条を共有し、それを世俗次元の正統論としてより多くの人びとに広めている。他方で、中世の聖職者のように、経済エリートの権力を掣肘《せいちゅう》する役割を果たすこともある。

有識者層と寡頭支配層（oligarchy）は、中世の聖職者と貴族（nobility）、すなわちフランスでよく知られるようになった第一身分と第二身分に相当する。その下には、「第三身分（the Third

Estate)」と呼ばれ、封建時代には聖職者にも貴族にもなれなかった「平民（commoners）」に相当する膨大な数の人びとが存在する。私が「ヨーマン（yeomanry）」と呼ぶ今日の第三身分は、二つの異なる集団からなる。第一の集団は土地持ちの中流階級で、イングランドのヨーマン〔独立自営農民〕と似ているが、同じような独立精神を都市／郊外の文脈〔後述〕に持ち込んだ。歴史的にみると、かつてのヨーマンは封建秩序を覆すのに重要な役割を果たしたが、現代のヨーマンは寡頭支配層の下で苦しめられている。第二の集団は労働者階級で、中世の農奴のような存在になりつつある。彼らは、土地・建物等の重要な資産を所有する機会や、政府から受け取る給付金以外で自分の境遇を改善する機会がますます乏しくなってきている。

第三身分を構成するこれら二つの集団は時代に取り残されつつあるが、それでもまだ寡頭支配者や有識者たちに抗うことはできる。グローバリズムと〔技術革新による〕技術の陳腐化に直面して、もはやおとなしくしているわけにはいかないからだ。いま私たちが目の当たりにしているのは、グローバル資本主義とそのコスモポリタン的価値構造にたいする拒絶反応と同時に、長年忠誠を尽くしてきた政治的左翼からの「労働者階級の離反」という、ある社会学者が表現した事態である。[4] 寡頭支配層にたいする抵抗は、右派ポピュリストから起こりがちだが、別の角度から攻撃を仕掛ける勢力も存在する。特に若年労働者と一部の裕福でない有識者たちである。彼らは、ある保守派コメンテーターの言う「反資本主義者のゾンビ軍団」を結成するかもしれない。[5] 新しい封建制がやってきているようにみえる一方で、その対抗勢力も蠢《うごめ》いており、激動の時代を予感させる。

歴史は退歩することもある

歴史は常に前進し、より先進的・開明的な状態へ向かうとはかぎらない。古代ギリシア・ローマ文明の崩壊はその典型的な例である。ギリシア・ローマ文明は、奴隷を大量に使うなど残酷かつ非道な面もあったが、それが生み出した文化・市民・経済のダイナミズムは、近東からスペイン、北アフリカ、さらにはイギリスへと広がっていった。ギリシア・ローマ文明は、近代自由主義の基礎となる哲学や法律のほか、さまざまなかたちの制度を発展させた。しかし、文明内部の機能不全と外部からの圧力によって崩壊がはじまり、その領土は政治的混乱、文化的衰退、経済的・人口的停滞に陥っていった。

西洋ではローマ帝国終焉の日を特定することができるが、文化の衰退過程は何世紀にもわたって続いた。学問の荒廃、狂信的宗教の高揚、都市の衰退と交易の崩壊、マルサス的停滞など、6〜7世紀には文明後退の軌跡が明瞭となる。紀元1000年のヨーロッパの人口は、その1000年前とほとんど変わらなかった。(6) かつての活気ある都市の中流階級は衰退し、農地は巨大な領地に集約され、土地所有農民階級は縮小していった。階級関係は、世襲貴族や有力な聖職者を頂点とする、より厳格な階級構造となった。こうした支配階級は、しばしば同じ階級内で争いや戦いを繰り広げることもあったが、土地を持たない農奴としての生活に耐えていた大多数の人びとと比べれば明らかに特権的な地位にあった。そこで理想とされた社会像は静的なものであり、その目的は、新しい耕作地を見つけることでも、イノベーションや成長を実現することでもなく、ほぼ固定されたシステムのなかで均衡を保つことであった(7)。

第二千年紀には、市場や町が再び発展しはじめ、手工業ギルドが結成され、哲学や学問も活発となった。農村では小作人が、発展する都市では裕福で識字率の高いブルジョアジーが、第三身分として台頭してきた。繁栄とともに民衆が積極的に声を上げるようになり、カトリック教会や貴族は次第に力を失っていった。ヨーロッパでは、自由市場、自由主義的価値観、進歩信仰に基づくシステムが発達し、北米やオセアニアへと広がった。

あらゆる社会構造がそうであるように、自由主義的秩序もそれ自体が不公正をもたらした。最も恥ずべきは、奴隷制度が復活し、新たに植民地となった領域にまで拡大したことである。さらに、産業革命によって家内制手工業が工場に取って代わられ、ギリギリの生活を送る貧困な都市プロレタリアートが誕生した。しかし20世紀に入り、とりわけ第二次世界大戦後は、労働者階級の大半の人にとって暮らし向きは目に見えてよくなり、中流階級は経済も人口も成長を続けた。住宅取得補助や新規インフラ建設、労働組合の結成許可など、政府も動きはじめた。このような政策が経済成長の原動力となり、自由主義的資本主義の最高の成果である豊かさ（affluence）への大きな流れを勢いづけた。

自由主義的資本主義は、社会・政治・環境それぞれの面で多くの課題をもたらしはしたが、歴史の大半を占めてきた広範囲に及ぶ奴隷状態、執拗な残虐性、気まぐれな体制から何億もの人びとを解放した。ヨーロッパやアメリカだけでなく、世界の多くの地域で、生活の物質的条件は劇的に改善した。西暦１７００年頃までの５００年間、一人当たりの経済生産高は横ばい状態にあり、１７００年に生活していた平均収入の人は、１２００年に生活していた平均的な人と比べて、経済的にほとんど変わらなかった。ところが、１８００年代半ばになると、特に欧米諸国で経済生産高が著しく増加し、１９４０年以降その伸びは加速して、その流れは世界中に広がった。(8)

「歴史の弧」を曲げる

自由主義的な資本主義は、まずは欧米の支配を、次いでその他の諸国の経済的な台頭を促した。第二次世界大戦後の好景気は、共産主義の崩壊とともに広く世界に拡大し、グローバルな未来への確信を抱かせることとなった。さらなる繁栄への鍵は私たちの手中にあるように思われた。ジョージ・W・ブッシュ大統領であれ、バラク・オバマ大統領であれ、政治的な右左を問わず、繁栄と社会正義の拡大に向けて「歴史の弧」はいや応なく曲がっていくという楽観的な見通しを抱いていた。(9)

ところが１９７０年代以降、ヨーロッパ、オーストラリア、北米など、資本主義と近代民主主義を生み出した地域で、歴史の弧が反り返るように曲がりはじめた。中流・労働者階級の社会的上昇が止まりはじめる一方、上流階級の財産は劇的に増加した。経済成長は続いたが、その恩恵の大半は上位1%、特に上位0・1%の大金持ちに集中し、中流階級は生活基盤を失った。[10]

1945年から1973年にかけて、アメリカの上位1%は米国民全体の所得増加分の4・9%を占めるにすぎなかったが、その後の20年間で、最も裕福な上位1%がアメリカの経済成長の大部分を貪った。[11] いまやアメリカの最富裕層400人の富の合計は、下位1億8500万人の富の合計を上回っている。[12] 社会主義的福祉政策をとるヨーロッパ諸国では、上層中流階級が非常に高い税金を支払う一方で、富裕層は自分の所得をごまかす方法を見つけ、その支配力を維持し、強化すらしている。驚くべきことに、株式の所有状況では、フィンランドのような進歩主義志向の国のほうが、アメリカよりも超富裕層にかなり集中している。

この傾向は、欧米だけではない。たとえば、社会主義国を自認する中国では、人口の上位1%が国の富の約3分の1を、およそ1300人が約20%の富を保有している。1978年以来、中国では富の分配の格差を示すジニ係数が3倍に拡大している。[13] 全世界的に超富裕層は新興貴族である。いまやわずか100人足らずの億万長者が世界の資産の半分を所有するに至っているが、5年余り前にはこれと同じ割合の資産を約400人が所有していた。[14]

富の集中は、財産所有においても明らかである。『ランド報告書』によると、アメリカでは2007年から2017年にかけて、民間の土地所有者上位100人が所有する土地の割合が

50％近く増加した。2007年、この100人はメイン州とニューハンプシャー州を合わせた面積に匹敵する2700万エーカーの土地を所有していたが、その10年後には、ニューイングランド全体の面積をも上回る4020万エーカーの土地を所有するに至った[15]。アメリカ西部の広大な地域で、億万長者たちが大規模な土地開発を行っているが、このままでは地元住民が土地貧乏になってしまうのではないかという心配の声も多く聞く[16]。

ヨーロッパでも土地の所有は、少数者の手に集中するようになってきている。過去10年間に地価が劇的に上昇したイギリスでは、人口の1％未満が国土の半分を所有している。ヨーロッパ大陸では、農地は大規模な所有地に統合され、都市部の不動産は少数の企業オーナーや超富裕層の手に渡っている[17]。

アメリカは長らく「偉大な機会の国」と言われてきたが、1980年代初頭から、中流階級の人が所得上位層に昇る確率は約20％低下している[18]。経済協力開発機構（OECD）に加盟する先進36カ国では、国内総生産（GDP）に占める富裕層の割合がますます高くなる一方、中流階級の割合は低くなっている。世界の中流階級は、多くの者が高額の住宅ローンなどで多額の負債を抱えており、OECD〔のアンヘル・グリア前事務総長〕はその状態を「岩礁でぐらぐらと揺れるボートのようだ」と表現している[19]。アメリカ、カナダ、オーストラリアなどの高所得国では、持ち家率が低迷または急落している[20]。

経済のグローバリゼーションで恩恵を受けたのは上流階級で、その他大勢にはほとんど恩恵が及ばなかった。たとえば、中国への生産シフトだけで、かつての工業大国イギリスから50万人以上の製造業の雇用が失われ、アメリカからは340万人の雇用が失われたと推定されている[21]。エコノミストたちは、経済全体の成長が進み、消費者物価が下がったことを指摘するかもしれないが、多くの人びとは「経済全体」のなかで生きているわけではない。彼らはそれぞれの現実を生きているのであって、経済全体が良くなっても、現実の生活は厳しくなっていることが多い。

世界的に二極化が進むなか、エリートのコミュニティは、都市部の貧困地区や衰退し貧困化する小さな町に囲まれている。グローバリゼーションは「中世フランスの城塞都市を復活させた」と、左派の地理学者クリストフ・ギユイは書いている[22]。日本の城下町や中世イタリアの城壁都市のように、ごくわずかな選ばれた場所には特権階級が住み、人が住みたがらない場所には新しい奴隷階級が住んでいる[23]。

新しい権力連鎖《パワー・ネクサス》

封建時代にエリート聖職者と貴族が権力を分け合っていたように、新しい封建制の中核には、有識者層と寡頭支配層の連鎖《ネクサス》関係がある。この二つの階級は、ニューヨーク、サンフランシスコ、ロンドンなどの都市において同じ学校に通い、同じような地区に住んでいることが多い。一般に彼らは共通の世界観を持ち、大概の問題で協力するが、中世の貴族と聖職者のあいだでみられたように時折対立することもある。ただし、グローバリズム、コスモポリタニズム、学歴や資格の価値、専門家の権威については、まちがいなく同じ見解を持つ。

こうした権力連鎖を可能にしているのがテクノロジーである。テクノロジーは、かつては草の根の民主主義や意思決定に役立つと大いに期待されたものだが、いまや監視や権力強化の道具と化してしまった。ブログの普及で、情報民主主義（information democracy）の様相を呈してはいるが、情報の流れや文化のあり方はアメリカ西海岸に主に拠点を置く少数の企業が厳しくコントロールしている。現代の新しい大領主は、鎖帷子《くさりかたびら》やシルクハット姿ではなく、ジーンズやパーカーを着込んで私たちの未来を導く。[24] ダニエル・ベルが予言したように、彼ら技術系エリートは科学的専門知識に立脚した「新しい権力の司祭たち」の21世紀版である。[25]

政治の未来は、少なくとも高所得国では、支配階級が第三身分を服従させることができるかどうかで決まってくる。そのためには、中世のように、厳格な階級構造を常態化し、正当化しうる正統的な考え方を押しつけていく必要がある。封建制秩序における貴族の権力は、教会が讃美する宗教と慣習の助けを得て正当化された。現代の有識者は、しばしば科学を拠り所にして自らの理論の正しさを主張し、学歴を笠に着て自らの地位の高さと権威を喧伝する。彼らは、自己決定、家族、コミュニティ、ネイションといったブルジョア的価値観を、グローバリズム、環境持続性、新しいジェンダーロール（性役割）、専門家の権威といった「進歩主義的」考え方に置き換えようとしている。こうした価値観を第三身分の心に植えつけるために、有識者層が高等教育機関やメディアを支配し、それを後押しするかたちで、寡頭支配層が情報技術や文化伝達手段をコントロールしている。

自由民主主義の信頼失墜

現在の経済状況の必然的な結果として、高所得国全体で悲観的見通しが広がっている。ピュー・リサーチ・センターによると、ヨーロッパ人の半数が将来世代は自分たちよりも経済状況が悪くなると考えているという。フランスでは、7対1の割合で悲観的見方が優勢である。オーストラリア（64％）、カナダ（67％）、アメリカ（57％）など、いつもは楽観的な社会でも悲観的な傾向が顕著である。全体的にみると、先進国の住民の56％が子どもたちの暮らしは自分たちより悪くなると考えていることがわかった[26]。

現代の経済を牽引してきた東アジアでも悲観論が強まっている。日本では、次世代の暮らし向きは悪くなると考えている人が全体の4分の3を占めており、台湾、シンガポール、韓国などの経済的に成功した国や地域でもその傾向が強い[27]。中国の若者の多くが悲観的な気持ちになるのもうなずける。2017年に中国では800万人の大卒者が就職市場に参入したが、高校卒業後すぐに工場で働けば得られたかもしれない額の給料しかもらえないことがわかったからである[28]。

もう一つの悲観論の表れが、主に高所得国における出生率の低下である。日本やヨーロッパ諸国、かつては比較的出生率の高かったアメリカでさえ、若い女性がもっと子どもを持ちたいと思っているにもかかわらず、出生率は歴史的な低水準に近づいている[29]。この中世に戻ったかのような人口動態の停滞については、女性の社会進出の進展や余暇志向の高まりなど、さまざまな説明がなされている。そのほか、手ごろな価格の家族向け住宅の不足など、経済的な理由も挙げられている。自由主義的資本主義の最盛期には、社会的地位が上昇した中流階級や労働者階級のために手ごろな価格の住宅が大量に建設されたが、新しい封建制の世の中では、持ち家を持つ余裕のある人はますます減っていくであろう[30]。

将来への期待が薄らいでいるため、民主主義が定着している国においてすら、若年層を中心に自由主義的資本主義への支持が弱まっている[31]。アメリカのみならず、スウェーデン、オーストラリア、イギリス、オランダ、ニュージーランドでも、年配の世代よりも若い世代のほうが、民主主義への信頼を失いつつある。1970年代、80年代生まれの人のほうが、30年代、40年代、50年代生まれの人よりも、軍事クーデターのような非民主的な力の行使にたいする抵抗感が少ない[32]。

今日、世界各地で民主主義的自由主義からの離反が進んでいる。かつては自由化の道を歩むと思われた国で、権威主義的な指導者が権力を強化している。中国の習近平、ロシアのウラジーミル・プーチン、トルコのレジェップ・タイイップ・エルドアンらである。比較的民主的な国でも、絶対的指導者《ストロングマン》を待望する傾向がみられる。威勢がよく、粗野な言動の多いドナルド・トランプや彼と似たり寄ったりのヨーロッパの指導者たちがそれで、その一部は実質的に権威主義者であるといってよい。自由への希望を失いつつある多くの人びとが、むしろ家父長的な守護者を求めるようになってきている。権威主義的な指導者は、しばしば過去の栄光を呼び起こし、新旧両世代の怨念を煽り立てることで成り上がる。冷戦終結後、世界はより民主的な未来に向かって自然な「弧」を描いているようにみえたが、今日の新しい世界秩序はむしろ独裁者の春を予感させるものがある。(33)

農民反乱

中世の封建制秩序はゆるぎないものがあった。しかし時として宗教的異端者に率いられた農民の蜂起も周期的にみられた。今日、第三身分の内部からこのような蜂起が起こる可能性はあるのだろうか。現代のヨーマンたちはまだ抵抗するだけの力が残っており、財産や制度上の利害関係を持たない〝農奴〟階級の拡大は、支配階級にとってははるかに厄介な存在となるかもしれない。

1789年の革命家たちのように、今日の第三身分の多くは、上流階級の高慢と偽善に嫌気がさしている。革命前まで、フランスの貴族や高位聖職者たちはキリスト教の慈愛を説きながら、暴飲暴食、性的放蕩、贅沢三昧にふけっていた。今日、苦境に立たされている中産・労働者階級の多くは、富裕層が炭素クレジットやその他の「美徳シグナリング」と呼ばれる手段を通じて、いうなれば「グリーン」の贖宥状《しょくゆうじょう》(免罪符)を買う行為によって、自分たちがどれだけ環境保護に熱心かを誇示する姿を見せつけられている。だが、そうした〝啓蒙的〟政策は、経済的余裕のない人びとに異常に高い燃料コストと住宅コストを押しつけるものとなっている[34]。疎外された中流・労働者階級は、現代版〝農民反乱〟の挙に出ている。それは、気候変動、世界貿易、移民など、有識者層と寡頭支配層が擁護する政策にたいする一連の怒れる投票や抗議行動に見て取れる。そうした怒りは、トランプ大統領の当選、ブレグジットへの賛成、さらにヨーロッパ各国におけるポピュリスト政党の台頭となって表れた[35]。

世界を見渡しても、フランスほど反乱が顕著にみられる国はあるまい。フランスでは大多数の人びとがグローバリゼーションを脅威とみなす一方、エリート校出身者の多い大多数の企業経営者はグローバリゼーションを「チャンス」と捉えている[36]。１７８９年の記憶が呼び覚まされるかのように、２０１８年から翌年にかけての冬、「黄色いベスト《ジレ・ジョーヌ》」を着た人びとがガソリン税の引き上げに反対するデモを行った。小さな町で始まった抗議活動は、やがてパリ郊外にまで拡大した[37]。

アメリカでは、自分たちの窮状を打開できずに苛立つ第三身分のなかから反乱を起こす者が出てくるのを防ごうとして、寡頭支配者や有識者たちは、市民への補助金や現金支給など福祉国家的政策の拡充について議論するようになった。だが、果たしてそれでいいのだろうか[38]。

封建制の未来は避けられないのか？

封建制への回帰は、必ずしも避けられないことではない。私たちが進みつつある方向を変えるには、まず何が起こっているのかを理解し、それを正しく評価する必要がある。私たちは、何世紀にもわたる自由主義的資本主義と自由な知的探求から恩恵を得ており、過去の封建時代について、また民主主義的資本主義の成果についても認識している。それゆえ、寓話に出てくる茹蛙のように、自分の運命に気づかずにゆっくりと茹でられる必要はない。

新しい封建制秩序への逆戻りを食い止めるには、新しい政治的パラダイムを構築することが先決である。強力な中央政府に執着しながら、「社会正義」を実現するために現在の「進歩主義的」アプローチをとっているようでは、「専門家」階級にさらなる権威を与え、有識者層の力を強めるだけであろう。他方、市場原理主義の信奉者たちは、寡頭勢力の危険性や中流・労働者階級に及ぼす害悪を認めようとしないため、資本主義それ自体の存続を脅かす政治的展開を推し進めるおそれがある。著名な企業経営者のなかには、この問題を正しく認識し、改善策を模索している者もあるが、右派の自由市場主義者たちにあっては、認識も関心もはるかに低いのが現状である。[39]

そこで必要なのが新しい視点である。ただしそれは、新しい封建制がやってきつつあるという現実が広く認識され、その危険性が理解されたときに初めて生まれてくる。この自由主義的価値観への脅威に立ち向かうための時間はまだ残されている。ウクライナ出身の偉大な作家ワシーリー・グロスマンは、「人間は運命に導かれているのかもしれない。だが、従うことを拒むこともできるのだ」と書いている。(40) 歴史の未来への流れは、それを形づくろうという意志を持ち続けていれば、けっして避けられないものではない。

第2章

封建制 その不朽の魅力

現代では、中世を暗黒で退廃的な時代だったと捉える傾向があるが、歴史家のなかには、そのような一般的な認識は誇張された不当なものだと考える者もいる。同じように、封建制は時代に逆行する社会・政治構造だと広くみられているが、それが発展したのには理由がある。時代の差し迫った要請に応えるためであった。ローマの統治が崩壊しはじめると、権力の空白が生じた。すると徐々に新しいエリートが育ち、新しい権力関係システムが生まれ、地域によってはそれが何らかのかたちで1000年以上も続くこととなった。(1) 封建制が長く続いたことは、ある種の封建制が現代でも依然として魅力を放っていることを示している。

中世の封建制は地域によって異なるが、どこでも共通するのは、社会的階層が明確に区切られ、地位の低い者が高い者にたいして服従し、人口の大多数を占める下流階級の人びとの社会的上昇が制限されていた点である。所有地の大半は大規模な荘園《マナー》に集約された。都市の中流階級は町の衰退とともに減少し、独立農民の大半が農奴に転落していった。大土地所有者は、司法、税務、軍事といった公的機能を担い、従属する小作人や農奴を略奪者の脅威から保護した。その代わり、小作人たちは土地の所有権と先祖伝来の土地を離れる自由を放棄した。[2] 経済生産の要である小作人や農奴は、地主に半ば拘束された状態で窮屈な生活を送っていた。彼らの大半は家の近くに留まっていた。ヨーロッパ人の8割は出生地から20マイル以上離れた場所に行くことがなかった。[3]

彼らの上には貴族がおり、独自の主従関係を持っていた。最も有力な貴族は、より下級の貴族から忠誠を誓われ、この下級の貴族は邦臣（vassal）となって「封土（*feodum*）」と呼ばれる土地の一部を与えられ、封土は次第に世襲されるようになる。邦臣は自分の家来（下級貴族や平民）に領地の一部を貸し出すことができた。邦臣は領主に忠誠を誓い、通常は兵役の義務を負っていた。[4] 自分が直接仕える領主（lord）への忠誠は、社会の中心的な組織原理であった。アングロ・サクソンの誓いの言葉には、「吾は、汝の愛するものを愛し、汝の憎むものを憎む」とある。[5]

封建制のもとでは、大きな所領の相続者や大貴族が有利であり、彼らは自己の権勢を高め、誇示するために城を築いた。こうしたシステムが、帝政や王政の崩壊によって生じた混乱に秩序と安心を与えた。ほとんどの場合、人びとは世襲の地位にとどまるものと考えられていた。個人としていくら有能であったとしても、卑賤の者という汚名を拭い去ることは不可能ではないにせよ、困難であった。

当時の社会モデルは、三種類の人間から構成されていた。「祈る人、戦う人、働く人」である。[6]

君主制が強まるなか、ソールズベリーのジョンは1180年に書いた文章で、理想的な政治秩序を有機的なイメージで捉え、「王は頭に、聖職者は魂に、貴族は腕に、農民は足に当たる」と描いている。(7)

農地で働く農民にとっても、戦士である貴族にとっても、読み書きは不要とされ、それはほとんど聖職者のみがなしうるものとされていた。カトリック教会は、宗教的・道徳的な問題について何が正しい考え方かを決める大きな影響力を持ち、普遍的な権威を誇示したが、一般家庭にその教えを行き渡らせるには限界があり、多くの異教信仰や民間信仰が何世紀にもわたって続いた。それでも教会の教えが封建社会の階層的秩序を維持するのに寄与したことは事実である。

中世キリスト教の教義では、私たちの感覚で把握される世界は儚《はかな》く、精神世界のほうがより現実的であり、神との合一が究極の目的であるとされる。「世俗世界は本来的に神の都に敵対するもの」という聖アウグスティヌスの考え方が広く浸透し、人間の神にたいする関係は最も重要なものであった。6世紀から10世紀にかけて、2万6000もの聖人の生涯について書かれているが、歴史・科学関係の著作について目新しいものはほとんどなかった。哲学、絵画、文学、政治など、あらゆるものが霊的理想を中心につくられ、時代の偉大な建造物は「石の聖書(Bible in stone)」を象徴していた。(8) 現在の世界よりも未来の生を重視した結果、ギリシア・ローマ文明を形づくってきたレス・プブリカ(共和制)と家族への情熱的な関わりは薄れていった。商業は本質的に不道徳なものとみなされ、富は主に農奴が働く農地から得られるものとされた。(9)

キリスト教は、万人の霊的平等という教義を掲げたが、現世の生活状態がいかにあろうと、来世の生活に比べれば瑣末なことにすぎないとみなされた。教会は、下流階級の人びとに、来世ではもっと良いことがあると約束するのと引き換えに、現世での境遇を受け入れるよう強く促した。だがそれは、あくまでも地上の現実にたいする共通の理解を示しただけだったのかもしれない。ごく普通の貧しい者にとっては、宗教組織こそが物質的・精神的に最も頼りになりうる存在であった。しかし多くの場合、高位聖職者は、実質的に貴族と同等の地位にあって何不自由ない生活を送っていたが、一方で中世の教会の教えは、広く大衆に地位の向上という希望を与えるものではなかった。

封建制に魅せられて

中世の世界観では、社会は相互義務の絆で結ばれていた。聖職者同士・貴族同士の絆や聖職者と貴族のあいだの絆を頂点とする一種の相互扶助社会であった。次いで、上位者にたいする庶民の義務もあった。さらに、教会は初期の福祉国家のように、貧窮者のために寝床を提供した。(10) 霊的に統一されたキリスト教圏の相互依存共同体という崇高な考え方が支持され、個人主義は否定されたが、強固な地域的社会構造と忠誠心は存在した。今日でも、この社会モデルを自由主義的資本主義の形態よりも優れていると捉える見方が一部にある。(11)

19世紀になると、産業革命初期の社会的混乱や物理的汚染への反動もあって、相互依存的で秩序だった社会という理想が新たな注目を集めた。ロマン主義運動に参加した多くの作家たちは、中世の文明を高く評価した。ジョン・キーツ、トーマス・カーライル、マシュー・アーノルド、アンソニー・トロロープ、さらにはオスカー・ワイルド、D・H・ローレンス、シュテファン・ゲオルク、トーマス・マンらの著作からそれは明らかである。彼らは、資本主義社会に固有の「ブルジョアの俗物根性と社会の平準化」を攻撃した。彼らの多くは、中流階級の「愚鈍」を見抜き、プロレタリア階級のニーズに最もよく応えられるのは芸術家と作家だと信じていた。[12]

カール・マルクスとフリードリヒ・エンゲルスは、中世のギルドや局地的市場（localized market）、また職人や農民に一定の安心感を与えていた慣習が、資本主義市場システムの圧力によってほとんど失われてしまったことを認めた。[13] エンゲルスは、慣習や伝統に頼っているだけではもはや自分を守れなくなった19世紀の労働者は、〔ノルマン貴族の軛《くびき》のもとにあった〕12世紀のサクソン人の農奴と比べてもあまり変わらないほど厳しい〔奴隷的〕境遇に置かれていたとまで述べている。[14]

19世紀中頃の開明的な資本家や貴族のなかには、大衆を極貧とそれに起因する反乱から遠ざけるための措置、マルクスの言う「プロレタリアの施し袋」を支持する者たちもいた。[15] 同じように、今日、進歩主義的な億万長者のなかにも、御しがたい大衆を極貧とそれに起因する反乱から遠ざけるため、最低所得保障や住宅補助、その他の給付のアイデアを受け入れる者たちがいる。

19世紀後半、イギリスの保守主義者のなかから、産業革命前まで存在していたと考えられる雇用主と労働者のあいだの相互依存関係を取り戻す「資本主義的封建制」とでもいえるものが提唱された。[16] またそれとは別のものとして「封建的社会主義」という概念が、「トーリー・デモクラシー」というより無難な表現で知られるようになった。[17]

真の意味での自由主義体制が生まれてこなかったロシアでは、トルストイのようなロマンチスト、右翼のスラヴ主義者、社会革命党〔訳注 ナロードニキの流れをくむインテリゲンツィア（知識階級）や農民・労働者階級を中心に1901年に結成された政党。二月革命によって政権を担うも、十月革命のとき左右に分裂し、勢力を失う。通称エス・エル〕は、西ヨーロッパの自由主義的資本主義を拒絶し、代わりに農奴制の時代から残る農地の共同所有形態である「ミール（農村共同体）」への回帰を唱えた。「光と救いは下のほうから輝き出す」とドストエフスキーは書いている〔小沼文彦訳『作家の日記1』（ちくま学芸文庫、1997年）117、118頁〕。社会改革の鍵を握っているのは、「ムジーク」と呼ばれる敬虔で教養のない貧しい農民であり、洗練されたヨーロッパかぶれの知識人や大都市の新興資本家たちではない。[18]

20世紀初頭の多くの強力な右翼運動（国民社会主義やファシズム、独伊以外の国でそれらを模倣した運動）も、中世へのノスタルジーを示している。イタリアの詩人で未来派のガブリエーレ・ダンヌンツィオは「社会主義的ロマン主義」を唱え、ファシスト協調組合国家の基盤を築くのに寄与した。[19] フランスでは、アクシオン・フランセーズの指導者たちが「反ルネサンス」をめざし、アンシャン・レジーム（旧体制）の階層的コーポラティズム構造を復活させようとした[20]。イギリスでは、オズワルド・モズレーらファシズムに共鳴する者たちが、多民族混在の近代都市が競い合う現実に押し流されて、「古き良きイングランド」が姿を消すことを嘆いた[21]。今日でも、ヨーロッパの極右のなかには、キリスト教の伝統的価値観を肯定する要素を中世に見いだしたり、イスラームの侵略にたいする十字軍の対応に感化されたりする者もいる[22]。

現代の「新しい中世」

30年前にはほとんど予想できなかったことだが、自由主義的理想にたいする反動が多くの国で勢いを増してきている。ソビエト連邦崩壊後のロシアは、帝国の拡張に積極的であったかつての帝政時代に思いを馳せている。さらに注目すべきは、ソ連当局から排除され、たびたび迫害を受けてきたロシア正教会が、ウラジーミル・プーチンのもとで道徳的権威を獲得したことであろう。プーチン政権は、ロシアを中央アジアや東アジアと結びつける方法として、モンゴル支配の時代に言及することすらある[23]。

中国共産党の現指導部は、公式には毛沢東《マオズァドン》思想に跪《ひざまず》いているが、中華人民共和国の建国者たちが忌み嫌った民族宗教、とりわけ儒教にすら価値を見いだしている。正直、親孝行、序列の尊重といった古くからの美徳が、現代でも有用だとわかったからである[24]。シンガポールで長年首相を務めた故リー・クワンユーは、中国の現体制がアジア資本主義の特徴である儒教を取り入れるべきだとしきりに説いていた[25]。

欧米ですら、進歩への確信や経済成長による国民生活の向上など、近代世界の発展を牽引してきた価値観が問い直されている。1960年代に入り、現代の産業経済による自然破壊を懸念して環境保護運動が盛んになってきたのもうなずける。経済や人口の成長を抑制するか、反転させるという理想は、E・F・シューマッハーの「スモール・イズ・ビューティフル」の哲学によって広まり、1970年代のカリフォルニアに特に強い影響を与えることとなる[26]。

19世紀に産業革命への反動がみられたように、環境問題は在りし日への郷愁を誘う。イギリスの新国王チャールズ3世は皇太子時代、中世の至福千年説信奉者と同様、世界を救済するために残された時間はもうないと述べた。マルクス主義の小政党グレートブリテン社会党(SPGB)のサイトに掲載されたコラムによると、チャールズ皇太子はおそらく最も著名な「資本主義の封建的批判者」として登場したという。彼は自由市場資本主義を地球に災厄をもたらす元凶とみなし、自然界および社会的調和への配慮を重んずる新しいノブレス・オブリージュ(高貴なる者の義務)を提唱している[27]。

環境保護主義は「貧しさ」を美徳とする考え方の復活にもつながった。中世では、貧しさは多くの人にとって避けられないものとされ、修道士は霊的成長のために自ら進んで清貧に励んだ。今日でも、貧しさは環境によいことだと考えられているように思われるときがある。途上国におけるスラムの拡大についても、その居住者がエネルギーやその他の資源をあまり消費しないことをもって、心配の種よりもむしろ喜ばしいこととみなされてきた。都市計画専門家のマイケル・キンメルマンは『ニューヨーク・タイムズ』に寄稿し、スラムを「単なる廃墟ではなく、有機的な都市計画《アーバニズム》のひな型となりうるもの」と評している。(28)

多くの知識人、建築家、プランナーが、中世を彷彿とさせる価値観のほうが人間の本質にしっくりくるとしてそれを推進してきた。(29) 保守派の思想家のなかには、故ロジャー・スクルートンのように、無秩序な近代都市の世界、とりわけ自由主義的資本主義が生み出した郊外文化に批判的な人もいる。スクルートンは、現在のように不動産を所有する中流階級が圧倒的に多く住む「郊外」という中景（middle landscape）〔訳注　「遠景」と「近景」のあいだの中間領域の景観〕を排除し、保護された田園地帯が人口稠密都市の周りを囲むような地理的配置に戻すことを支持した。同様に、イギリスのリチャード・ロジャースら一部の優秀な建築家たちも、現代都市のスプロール現象に代わって、より暮らしやすく、公共的な市場広場を擁する中世風都市の復活をめざしている。(30)

こうした過去に目を向けたアイデアは、現代社会の弱点や欠点を補うものとして提示されてきた。しかしそれは同時に、多くの人びとの社会的上昇を抑え、少数者の手に財産を集中させる理論的根拠を与えることになりかねない。

第3章

自由主義的資本主義の盛衰

自由主義的資本主義は封建制秩序の衰退と崩壊を促し、強固な中流階級の台頭をもたらした。農作業の効率化が進んだことで、それまで主にレンティア（不労所得者）や相続人が恩恵を受けていた静態経済が成長しはじめ、イギリスのヨーマン（独立自営農民）のような小土地所有者も徐々に力をつけていった。商業の発展は、イノベーションに積極的で、リスクを厭わない起業家に力を与えた。新しいテクノロジー、貿易の拡大、新しい発想、制度の発展によって、封建社会はがらりと変わった。特にフランスでは、社会基盤が変化したにもかかわらず階級的特権が維持されていたことから、第三身分が立ち上がり、封建制の遺制に激しい攻撃が加えられた[1]。

封建制秩序を徐々に崩していった起業家は、たいてい貴族の出身ではなかった。というのも、貴族は商業に従事することが禁じられたり、社会的に認められていなかったりする場合があったからである[2]。しかし時として、貴族階級のエリートが貴重な資金や支援を起業家に提供することもあった。彼ら起業家の多くは、ユダヤ人であったり、渡り労働者や反体制派のプロテスタントであったりなど、長いあいだ迫害を受けてきた集団の出身者であった。(3) このようなリスクを冒して起業に挑んだ人びとは、テクノロジーの改良、交易路の開拓、都市の建設などによって未曾有の経済成長の時代を切り開き、現代の世界を創造するうえで大きな役割を果たした。(4)

自由主義的資本主義は、欧米が経済覇権を握るための基礎を築いた。紀元1000年当時、中国とインドの総生産高は、いずれも西ヨーロッパの合計額を優に超えていたが、同じことはイスラーム帝国についても言える。ジョゼフ・ニーダムによると、中国は1450年頃までは技術面でヨーロッパをリードしていたという。13世紀から14世紀にかけて、中国のジャンク船は当時世界で最も技術的に進んだ船であり、中華帝国の影響力を東南アジアやその他の地域にまで拡大することに寄与した。17世紀末には、インドと中国はヨーロッパの人口を上回り、少なくともヨーロッパと同等の産業インフラを備えていた。(5)

しかし、ヨーロッパ、次いで北米で自由主義的資本主義が台頭してくると、その様相は一変する。1500年から1913年までに世界のGDPに占めるヨーロッパの割合は17・8%から33%に上昇する一方、中国は25%から8%に低下した。1913年には、西ヨーロッパの一人当たりGDPは中国やインドの約7倍、アメリカの一人当たりGDPはこれら伝統的大国の9倍であった。(6) 20世紀後半になると、自由主義的資本主義の恩恵は東アジアにも及び、日本や韓国、台湾、香港の経済的成功を後押しした。

自由主義モデルに挑戦する中国

近年の中国の台頭は、世界の将来的な経済モデルとして自由主義的資本主義に重大な挑戦を突きつけるものである。世界の経済生産に占める中国の割合は劇的に増え、1990年の4%から2022年には21%になると予測されている。[7] たとえ人口動態や環境などの要因から発展の勢いが鈍ったとしても、中国は国家主導型資本主義、すなわち「中国の特色ある社会主義」によって、今後の世界経済のあり方を大きく変える可能性がある。

中国の台頭は、欧米を基準とする資本主義的価値観の枠外で起こっている。20世紀後半の日本とは異なり、中国は個人の政治的権利や財産権といった自由主義文明の主要な指導原理をけっして受け入れなかった。その代わり、自由主義的資本主義に代わる理念を打ち出し、その原理を自国民に教え込むだけでなく、世界中の大学や政府機関にも輸出している。[8]

中国の新しい資本主義モデルは、社会的ヒエラルヒー、専制的な中央政府、イデオロギーの強制や思想統制など、きわめて反自由主義的な側面を持っている。マルクスや毛沢東の平等主義を形式的には堅持しているものの、今日の中国は、有力なビジネスエリートやその政府内の協力者が恒久的な特権階級システムを築くなど、階層的な階級秩序を発達させている。[9] 中国政府は、プライバシーをほとんど保護することなく、より強化された侵入技術を駆使して厳しい検閲を行っている。[10]あるアナリストは、「アメリカが長らく民主主義にとって安全な世界をめざしてきたとすれば、中国の指導者は権威主義にとって安泰な世界を切望している」と指摘する。[11]

中国による資本主義と権威主義の融合は、説得力のある経済発展モデルとして注目されつつある。この中国モデルは東アジアを中心に、さらには中央アジア、南米、ヨーロッパの一部、それに現在中国系住民が100万人いるとされるアフリカにまでその影響範囲を拡大している。これらの地域の国々では、ニューヨークやロンドン、あるいは東京を手本にするのではなく、「北京コンセンサス」を参考にする人が増えている。[12]「世界最大の民主主義国」〔を自称する〕インドに住む人びとの多くは、20年以内に中国がアメリカに代わって世界の支配的国家になると考えているようである。それと同時に、インドの政治指導者たちは、民族的ナショナリズム、言論の自由の抑圧、公共政策におけるヒンドゥー教至上主義など、非自由主義的な考え方や政策を採用している。[13]

停滞への逆戻り

中国の国力が高まる一方、ほとんどの先進国の経済は停滞している。急速な拡大を続けてきた先進大国の経済成長は、一時期のアメリカを除けば、一世代前の半分以下にまで鈍化している。[14]過去10年間の生産性の伸びは、それに先立つ10年間の半分にすぎず、1920年から1970年までの平均的な伸びの4分の1にすぎなかった。経済学者のロバート・ゴードンは、次々に押し寄せる最新テクノロジーの波により、コミュニケーションや情報入手の方法は劇的に変わったが、生活の物質的条件、特に住宅や交通機関の整備にはほとんど寄与しなかったと指摘している。[15]

高所得国を中心に人口増加のペースが鈍化していることも、社会的停滞のもう一つの側面である。ヨーロッパでは、もう半世紀近くも少子化が続いている。ヨーロッパの人口は、現在の7億3800万人から2100年には約4億8200万人にまで減少する見通しである。人口減少が続くドイツでは、退職者数が15歳以下の子どもの数の4倍になると言われている。[16]

しかしどちらかと言えば、東アジアの人口減少のほうが激しい。過去数十年のあいだに、中国、台湾、韓国、香港、シンガポールで出生率の急激な低下がみられ、すべての国・地域で出生率が人口置換水準〔訳注　人口が長期的に増加も減少もしない均衡した状態となる合計特殊出生率〕を大きく下回るようになった。[17] おそらくそれが最も極端なのが日本である。日本の人口減少は1960年代にすでに始まっていた。日本の国立社会保障・人口問題研究所によると、このままでは1億2700万人いた人口が2065年には8000万人を下回ることになるという。[18]

中国の人口も減少に転じる見通しだ。2050年には15歳未満の人口が6000万人減少し、イタリアの総人口とほぼ同じ規模になることが予想されている。同時に65歳以上の人口は1億9000万人近く増え、これは〔本書執筆時点で〕世界第4位の人口を誇るパキスタンの人口にほぼ匹敵する。中国では2050年までに、現役世代にたいする退職者の割合が3倍以上になると予想されており、これは歴史上最も急速な人口動態の変化の一つである[19]。

世界の人口動態は、今後、経済や社会のあり方を大きく変えていくことになるであろう。現在、世界の人口の大半は、出生率が人口置換水準を大きく下回る国で生活している[20]。国連によると、こうした人びとの割合は2050年には75％にまで増加すると言われている。途上国の一部を含む多くの社会で急速な高齢化と労働力人口の急激な減少が予想される[21]。人口統計学者のヴォルフガング・ルッツは、世界の人口増加は2040年でほぼピークを迎え、2060年までに減少に転じる可能性があると述べている[22]。

先進国の人口減少は、労働力の縮小を招くことにより経済成長を脅かし、福祉国家の財政的持続可能性を毀損してしまう[23]。だからこそ欧米諸国の政府は、富裕国に比べて著しい出生数の増加が続く貧困国からの移民を積極的に受け入れているのである。今後2050年までに世界の人口増加の半分をアフリカが占めることになるとみられている[24]。貧困国と富裕国のあいだの人口バランスが崩れれば、双方の側で混乱が生じ、ヨーロッパやアジアの古代帝国を崩壊させる大きな原因となった大量移民が再び起こると考えられる[25]。貧困国からの大量移民がもたらす社会的対立は、すでに欧米政治の顕著な特徴となっており、今後数十年以内にさらに深刻化する可能性が高いとみられる[26]。

テクノロジーが生み出す格差の拡大

かつてテクノロジーの進歩は、多くの人びとに経済的豊かさをもたらす原動力であった。しかし現在では、オートメーション（自動化）や人工知能（ＡＩ）の活用により、国家間や国内の社会的分断が加速することが見込まれる。これらのテクノロジーによって全体的に雇用が減少するのかどうかは定かでないが、伝統的にブルーカラーの雇用を安定的に提供してきた製造業、運輸業、小売業などの分野はその脅威にさらされている。しかし、環境保護などを理由として有形産業（tangible industry）の発展を阻害するような規制の変更が行われることによって、これらの分野の雇用はさらに脅かされるおそれがある。[27]

欧米諸国において大量失業よりも高い可能性があるのは、多くの人がいわゆる「ギグエコノミー」〔訳注　インターネットやスマホアプリなどを通じて単発・短期の仕事を請け負う働き方〕で生計を立てざるをえなくなり、中流階級の衰退が続くことである。先進25カ国で２００５年から２０１４年までのあいだに実質所得が横ばいか減少している世帯の割合は60％以上にまで上昇した。[28]

テクノロジー主導の社会では、科学や技術に秀でた「選民」とその他大勢の格差が広がる傾向にある。今日、10億ドル規模のビジネスを立ち上げようと思えば、コーダーや金融の専門家、マーケティングの達人など、ごく少数の集団で十分であり、ブルーカラーや中間管理職はあまり必要ない。長期的にはH・G・ウェルズの『タイム・マシン』に描かれたような悲惨な未来がやってくるのかもしれない。「ビデオゲームで遊ぶエロイ族と、そのプログラムをつくるモーロック族の二つの人種に分かれる」とコラムニストのデイヴィッド・P・ゴールドマンは書いている。[29]

こうした社会的課題に直面して、高所得国の知識階級はほぼ例外なく、大学、メディア、芸術作品などを通じて、これまで自分たちの国の発展を導き、広く繁栄の礎を築いてきた価値観を破壊しようとする。有識者層と寡頭支配層の多くは、貧困の拡大、社会的格差の固定化、階級間の対立といった経済停滞の影響に対処しようとはせず、幅広い人びとのための経済成長よりも「持続可能性」の理想を追求している。[30] 中世の聖職者が物質主義に異を唱えたように、今日の学界やメディアで活躍するインテリたち、さらには企業エリートの一部も、ダイナミックな経済、イノベーション精神、日常生活の改善への取り組みといった考え方それ自体に懐疑的な目を向けている。「進歩は神話だ」という声すらある。[31] このように、有識者たちのあいだでは、社会的上昇はもはや過去の遺風であり、いま私たちがなすべきは、富と機会を拡大する方法の探求ではなく、社会的不満の解消や環境保護くらいのものだという悲観的な思いが強まっている。[32]

新しい封建制の特徴は、甲冑を身につけた勇敢な騎士でも要塞化された城でもなく、典礼聖歌が流れる荘厳な聖堂を建設することでもない。むしろ、魅惑的な最新テクノロジーを誇り、グローバリズムと環境保護の信仰に包まれるものとなるであろう。だが、来たるべき時代は、その近代性にもかかわらず、自由主義的なダイナミズムや知的多元主義ではなく、〔社会的流動性を欠いた〕停滞状態（stasis）を重視し、社会的階層を自然の摂理として受け入れることを正統とする社会になりそうである。

第Ⅱ部

寡頭支配層

「諸々の状態が完全に変化する場合は、
あたかも全創造が、全世界が変ったかのようになる」
イブン＝ハルドゥーン（14世紀）

第4章

ハイテク封建制

技術革新は、長いあいだ資本主義経済の成長と結びついてきた。フェルナン・ブローデルが説明しているように、近世の資本主義革命は、旧来の生活リズムを崩壊させるなど、広範囲に影響を及ぼした。(1) しかし、資本主義と新しいテクノロジーは、ともに物質的豊かさの向上を広く行き渡らせ、社会的流動性を高めるための基礎を築いたのである。同じように、最近のテック革命も、少し前までは、社会を一変させるだけでなく、概して有益なものであると広く捉えられていた。新しい文明は、人類の発展と社会改良のための大きな機会をもたらすと考える人もいた。ところが今日、多くの人にとって社会的流動性は低下し、真の意味での物質的進歩はほとんどみられない状況にある。特に金融とテクノロジーの分野では、経済的権力がますます少数の企業に牛耳られるようになってきている。(2) 私たちの未来は、30年以上前に日本の未来学者である堺屋太一が予言した「ハイテク中世」のような時代に近づきつつある。(3)

かつて現代テック産業の先駆者たちは、資本主義的競争のお手本としてもてはやされ、ヨーゼフ・シュンペーターの言う「創造的破壊」によって独占状態を打破し、非独占企業が下からのし上がれることを実証した。しかし、今日のテック企業のリーダーたちは、独占的支配階級にますます似てきており、ごく少数の超強大な企業を思いのまま操り、中世の貴族がそうであったように、権力の分散にしばしば抵抗をみせる。彼らは、貴重なデジタル不動産をより多く獲得することで、アメリカのみならず世界中で、より階層化された経済・社会秩序の構築をめざしており、それはとりもなおさず階級間格差の拡大を意味する。(4)

新しい寡頭支配層の誕生

カリフォルニア州サンタクララバレーは、新しい封建制の発祥の地とは思えないような場所である。半世紀前、農業地帯であったこの地は、中流階級が居住する広大な郊外に変わりはじめたばかりであった。サンフランシスコの富裕層がサウスベイにある瀟洒《しょうしゃ》な邸宅を購入し、農場のすぐ隣にエリート馬の放牧地をつくったが、その後発展したのは、ほとんどが多くの退役軍人を含む中流・労働者階級が暮らす質素な地域であった。もとからベイエリアに住んでいた人によると、「世界で一番住みやすい場所を自分の目で見て、コスト的に故郷とあまり変わらないと気づく人が増えれば増えるほど、『自分もここに住んでみたい』という気持ちが高まる」という。(5)

1950年代から1960年代にかけて、真空管を発明したリー・ド・フォレストをはじめ、高いスキルを持ちながら明らかに中流階級出身の技術者やエンジニアがこの快適な環境に魅力を感じるようになる。新興テック経済は、国防・宇宙開発関連の大口契約が結ばれたことでさらに活気づいた。すぐ北隣には、全米屈指の公立大学カリフォルニア大学バークレー校がある。物理科学の分野で優れた業績を上げ、1951年にスタンフォード・リサーチパークを建設したスタンフォード大学も近い。1939年には、ヒューレット・パッカード社がスタンフォード大学の卒業生によって設立され、同大学の学長となったフレデリック・ターマン工学部教授がこの地でハイテク企業を育てた。(6)

その後数十年で、サンフランシスコを含むベイエリアは、世界有数のテクノロジーハブに成長した。技術面でのこの急速な発展の結果、富と権力が一握りの企業に集中することとなった。エンジニア、データ科学者、マーケターといった比較的小さな集団、ごくわずかな人間が、世界の経済や文化の再建に乗り出したのである。(7)

中世における貴族の権力は、土地の支配と武器を持つ権利に依拠していた。現在日の出の勢いにあるテック貴族の権力は、主にインターネット上のビジネスで「自然独占」を利用して獲得したものである。デジタル土地収奪（digital land grab）の勝者は、シリコンバレーやピュージェットサウンド地域〔訳注　ワシントン州太平洋岸北西部の湾岸地域〕などに拠点を置く少数の企業である。この戦略的なデジタル領域を押さえた少数の企業は、旧来の産業経済を駆逐し、取って代わろうとしている。[8]

2018年までに、テック企業4社（アップル、アマゾン、アルファベット［グーグル］、フェイスブック）の純資産の合計は、S&P500上位50社のほぼ4分の1、フランスのGDPに匹敵する額に達した。[9] 世界で最も資産価値の高い企業10社のうち7社がテック業界に属している。[10] テックジャイアントとも呼ばれる巨大テック企業は、巨額の個人資産を生み出しており、地球上で最も裕福な20人のうち8人はテック業界で財を成した人びとである。[11] 40歳以下の富豪13人のうち9人がテック業界の人間であり、しかも全員がカリフォルニアに住んでいる。[12] カリフォルニアのテック貴族に現実に対抗できるのは、世界有数のテック企業20社のうち9社を擁する中国だけである。[13]

ガレージで産声を上げた大食漢ガルガンチュア

アップルの驚くべきストーリーが象徴するように、かつてシリコンバレーは、郊外のガレージからテック企業が誕生するといった草の根イノベーションの中心地であった。[14] それがいまや、伝統的なスタートアップ文化は、圧倒的なリソースを持つ大企業に踏みつぶされている。多くのスタートアップ企業は、自力で飛躍的に成長する機会をつかむどころか、既存の有力企業にたちまち買収されてしまう。[15]

アメリカでは1980年代初頭から反トラスト法違反の訴訟が61％減少し、テック業界の寡頭勢力〔以下、テックオリガルヒ〕は、民主・共和両党の政権下でほぼ無限とも言える力を手に入れ、競合他社を買収したり潰したりしている。(16) 近年フェイスブックは、インスタグラム、ワッツアップ（WhatsApp）、オキュラス（Oculus）といった潜在的な競合他社を、規制当局にほとんど邪魔されることなく吸収してきた。(17) 買収に最も貪欲な企業の一社がグーグルで、ある年には隔週ごとに新しいベンチャーを買収し、その総数は2020年1月の時点で240社にのぼった。(18)

巨額の軍資金を備え、ベストな人材を獲得する手段を持つ少数の企業が、世界で最も収益性の高いいくつかの市場で独占的または寡占的な力を獲得している。グーグルは検索広告の90％近くを、フェイスブックはモバイルソーシャルトラフィックのほぼ80％を、アマゾンは世界のクラウドビジネスの40％近くとアメリカの電子書籍販売の75％をそれぞれ支配している。グーグルとアップルだけで、モバイル機器ＯＳの95％以上を提供している。世界中のパソコンを作動させているソフトウェアの80％以上はいまだにマイクロソフトが提供している。(19)

その結果、かつて勢いのあった草の根のテック経済は、いまや息も絶え絶えの状態にある。大手ベンチャー企業に受け入れてもらえない起業家は、テック界の大領主たち（tech overlords）の顔色をうかがいながら生きている。(20) あるオンライン出版社の関係者は、グーグルと自社の関係を『スタートレック』になぞらえてこう表現している。「まるでボーグ（サイボーグ）に同化されたような感じだ。とんでもない新しいパワーが得られる。けれど、同化されてしまった以上、もしインプラント（埋め込み装置）が外されてしまったら、確実に死んでしまう。それが、わが社とグーグルの関係をよく表している」[21]。

人工知能が急速に普及していることから、すでに膨大な資金と才能を蓄えているテック企業はその支配的地位を強めることになるであろう。やがてそのなかから、少数の企業が寡頭支配層に加わる可能性が高く、有名企業であっても潰れてなくなったり、買収されたりするところが出てくるかもしれない。しかしトップ企業は、狭く内向きの世界で活動する少数の金融専門家やテクノロジストと共通する特性を持つ存在となりがちである[22]。

このような技術力の集中は、きわめて非民主的な未来を予感させる[23]。莫大な資金を持つテックオリガルヒたちは、エンタテインメント、金融、教育、小売といった旧来の産業から、自律走行車、ドローン、宇宙開発、そして肝心要の人工知能といった未来の産業までをも支配する計画を立てている。グーグル、アマゾン、アップルなどの企業は、伝統産業と新興産業の両方で確固たる地位を築くために数十億ドルを投資してきた[24]。

技術アナリストのイザベラ・カミンスカは、巨大テック企業の経営者を、かつてソ連全土に国家の資源を配分する経済計画機関「ゴスプラン」を運営したソ連の計画者たちになぞらえている[25]。そのような権力は、党幹部ではなく民間資本に委ねたほうがよいという考え方もあるかもしれないが、説明責任をほとんど持たない少数者の手に強大な権力が握られることに変わりはない[26]。

チャイナ・シンドローム

法律の制約がない中国は、新しいテクノ専制政治を敷く最先端の国となるかもしれない。中国のハイテク産業はアメリカに次ぐ規模を誇り、次世代のシリコンバレーとして存在感を高めている。電子商取引やモバイル決済などの分野で、中国はすでに大きくリードしている。[27] 中国のテクノロジーブームは、主に国家支援企業や民間企業による最先端技術への大規模投資から生まれている。2016年の投資額は日本、ドイツ、韓国の合計額を上回り、またエンジニアリング、テクノロジー、科学、医療の分野でアメリカの10倍もの新卒者を輩出している。[28]

中国でも富裕エリート層が誕生している。2017年の中国の億万長者の数は、アメリカのそれに迫る勢いであり、その増え方ははるかに速い。[29] 毛沢東ならば絶対に容認しなかったであろうが、2000年以降、テック業界などの多くの億万長者が陸続と共産党に入党している。[30] かくして中国では、二つのエリート（政治エリートと経済エリート）が絡み合っている。テックエリートの台頭は、科学者、技術者、エンジニアを公共の利益のために動員する「科学的社会主義」というマルクス主義の考え方にうまく合致していると言えるかもしれない。[31] しかし科学的社会主義は、社会主義の基本にある平等主義のエートスを破壊してしまった。マルクスは労働者階級がブルジョアジーに抵抗して立ち上がる姿は想定していたものの、技術的スキルを備えた人びとが独自の能力と世界観を持つ別の新たな階級となることまでは予想していなかった。裕福なテックエリートが政治的支配階級と一体化することで、中国の文化と統治における高級官僚《マンダリン》階級の歴史的役割を再現する知性豊かな貴族が誕生したのである。(32)

中国の技術発展に伴っておそらく最も懸念されるのは、政府が人工知能を利用して社会や世論を規制することであろう。高度なアルゴリズムを駆使して、法律手続きから結婚の許可まで、あらゆるものが管理されている。(33) 共産党は企業活動が党の優先事項に合致しているかどうかを確認する目的もあって、人工知能による企業の監視を行っている。(34) 共産党政権は、顔認識技術や「社会的信用」スコアリング（個人の信用力や仕事ぶり、政治的信頼性までスコア化したもの）も使用している。あろうことか、市民の監視は、アメリカの大手テック企業が手を貸すかたちで行われているケースもあり、そうした企業の一部は同様のツールを「プライベートマーケットプレイス」と呼ばれる広告取引市場に導入する実験も行っている。(35)

将来的に、中国による監視技術の利用は、テクノロジーを利用した市民生活の管理を考えている他の国のモデルとなるであろう。実際、こうした監視能力は、政府が国民を統制し、政敵を監視するためのツールとして、アフリカなど諸外国にすでに売り込みが始まっている。

純真な金持ちかテック業界の独占主義者か？

テックエリートたちは、世界をより良くしたいと願うエネルギッシュで起業家精神に溢れるアウトサイダーとして、その存在感を驚くほど際立たせてきた。技術革命の初期には、ほとんどユートピア的な共同体主義社会の到来を想像する人もいた。カリフォルニア在住の作家スチュワート・ブランドは、1972年に『ローリングストーン』誌に寄稿した記事のなかで、コンピューターが普及すれば、私たちは皆「コンピューター好き」になり、個人としても共同事業者としても、より力を発揮できるようになると予言している。それは「自発的創造と人的交流」がより盛んになる新たな時代の到来である。[36]この「初期のデジタル理想主義者」は「商業秩序の制約を受けずに」機能する「共有」ウェブを構想していた。[37]

ところが、テクノクラート主導の経済が生み出しているのは、高度なスキルを持つ技術者やエンジニアが優遇される新しい種類のヒエラルヒーである。テクノロジーが経済において果たす役割がますます大きくなり、労働の価値がさらに低下するにつれ、テクノクラートの支配は拡大していくであろう。長らく起業家精神と技術進歩に夢中になっていたアメリカ人は、テックオリガルヒを脅威と気づくのが遅かった。[38]貴族制の危険に警鐘を鳴らす左派の歴史家たちは、金融業に怒りの矛先を向けがちである。確かに金融業は規模も影響力も大きいにはちがいないが、金融業

を含むほぼすべての産業を取り込もうとしているテック業界と比べれば財力でも経済的影響力でも劣る。(39)

２０１１年の「ウォール街を占拠せよ（オキュパイ・ウォール・ストリート）」デモでは、反資本主義のデモ隊が、非常に野心的な資本家であったスティーヴ・ジョブズを偲《しの》んで黙禱と祈りを捧げた。(40) トマ・ピケティによると、独占主義者《モノポリスト》たること疑いなしのビル・ゲイツをいまだに「称賛に値する起業家」の一人とみなす人もいるという。(41) 進歩的な作家の一人、デイヴィッド・キャラハンは、資源採掘、製造、材料消費などで財を成した人びととは対照的に、テックオリガルヒとその金融業界の仲間たちを一種の「恵み深き富裕階級」として描いている。(42)

しかし、アメリカのテック業界の巨頭《タイタン》たちは、ジョン・ロックフェラー、アンドリュー・カーネギー、コーネリアス・ヴァンダービルトらの大富豪に匹敵するほどの寡占的支配力を揮《ふる》っている。(43) 彼らはシルクハットではなく、ベースボールキャップをかぶっているが、その経済的・文化的パワーは巨大で、今後さらに大きくなりそうである。

第5章 新しい寡頭支配層の信仰体系

テック業界の大物たちは、19世紀末の産業資本家や20世紀の経営者エリートとは重要な点で異なる。彼らは野心をたぎらせて成り上がってきたわけでもなければ、会社組織のなかで大切に育てられてきた能力を開花させたわけでもない。剥き出しの野心や経営の才覚ではなく、技術的な才能こそが彼らの特徴であり、とてつもない財力と影響力を持つ存在に仕立て上げたのである。

産業革命を推進した鋳掛屋《いかけや》などさまざまな職人に比べれば、彼らはグループとしての多様性がはるかに低い。ほとんどが上層中流階級の出身者である。両親のうちどちらか一方、時には二人ともが理系出身である場合が多い。たいていエリート大学に進学している（全員が卒業しているわけではないが）。一部の者は高校時代から天才的な技術者であった。そんな彼らにとって、新聞配達、ピザ店や郵便局でのバイトは退屈なものでしかなかった。テックエリートは「才気煥発だが、苦労知らずだ」と指摘する声もある。(1)

テックオリガルヒは、もともと保護された環境で育ってきたにもかかわらず、自分たちのほうが産業革命期の先達よりも開明的で進歩的だと考える傾向がある。1970年代と1980年代、彼らが投影したイメージは、現代版のアメリカン・ヒッピーであり、「企業権力の回廊の住人よりも芸術家との共通点が多い」一種の「ハイテク盗賊」であった。(2) ヒューレット・パッカードやインテルのような初期のハイテク企業経営者も、その経営手法において家父長制的であり、自らをひと昔前の企業経営者よりも先見性があると考える傾向があった。(3)

メリトクラシー（能力主義社会）

今日のIT企業経営者は、中間管理職を自分の仲間だとは考えていない。ましてや組立作業員や熟練工などは視界の外にある。その世界観は、学歴のある上層労働者階級と共通する。CEOを含め、彼らの仲間には理系の博士号取得者が多く、テック企業の幹部45人を対象にしたある調査では、大半が工学、計算機科学、ビジネスなどの分野で一流大学の学位を取得していることがわかった。学位を持っていない一部の者も、エリート教育機関の中退者であった。(4)「ソフトウェアはIQビジネスだ」とは、自らもハーバード大学の中退者であるビル・ゲイツの言葉である。「マイクロソフトはIQ戦争に勝たなければならない。さもなければ、われわれに未来はない」と彼は述べた。(5)

テックオリガルヒは、オルダス・ハクスリーの言う「科学的カースト制度」のようなものをつくり上げようとしている。[6] それは、企業が管理職、マーケティング担当者、エンジニア、技術者、倉庫作業員、営業マンなど、さまざまなスキルを持つ人材に依存していた工業時代とは異なる。これらの職種にはたいてい（少なくとも製造業やエネルギー産業では）組合があったため、経営陣は曲がりなりにも事業の進め方について多様な意見を考慮せざるをえなかった。一方、テック企業にはほとんど組合がなく、インターネット大手で組合のある企業は一社もない。[7]

重要なのは、テックジャイアントが巨額の収益を上げている割に雇用者数がきわめて少ない点である。アルファベット（＝グーグル）やフェイスブックなどのＩＴ企業は、従業員一人当たりの市場価値がＧＭ、ホーム・デポ、クローガーなどの３００倍にもなる[8]（天然資源を原資とするエネルギー部門だけは、収益に比して雇用者数が多い）。さらにＩＴ企業とそこにサービスを提供する専門請負業者は、低賃金で働く何千人もの外国人労働者に大きく依存しており、そのなかには年季奉公に近い者もいる。[9]

現代の寡頭支配層＝テックオリガルヒは何を求めているのか？

テックオリガルヒは、将来のヴィジョンを示す首尾一貫した政治綱領を策定しているわけではない。しかし明らかなのは、アマゾン、グーグル、フェイスブック、アップル、マイクロソフトといった企業のＩＴエリートたちがいくつかのアイデアを共有し、それらが共通のアジェンダにつながっているということである。

発展しつつあるテクノクラートの世界観には、特権的な上層部の仲間内〔の出世や昇進〕は別にして、社会的上昇という発想が入り込む余地はほとんどない。ここから予想されるのは、中流・労働者階級の人びとが社会の隅に追いやられるということである。テックオリガルヒは、マーク・ザッカーバーグの言う「有意義なコミュニティ」を構築する取り組みについては語るが、社会的上昇について口にすることはめったにない。[10] 技術系ジャーナリストのグレゴリー・フェレンスタインは、デジタル企業の創業者１４７人に取材した結果、彼らは概ね労働者や消費者が自分で会社を興すとか、家を持つなどして独立するとは考えていないようだと述べている。取材に答えた創業者らの多くは、「少数の非常に才能豊かな人や独創的な人が経済的な富のますます多くの部分を生み出すようになり、その他の人びとは単発・短期の仕事を請け負う〝ギグワーク〟で収入を得つつ、政府の援助を受けながら生活していくのだろう」と考えているようである。[11]

フェレンスタインによると、テック業界の巨頭たちの多くは、過去のビジネスリーダーとは対照的に、福祉国家の拡充を基本的に支持しているという。[12] マーク・ザッカーバーグ、イーロン・マスク、トラヴィス・カラニック（ウーバー元ＣＥＯ）、サム・アルトマン（Ｙコンビネーター創業者）はいずれも労働者の年間所得保障案に賛成している。経済的に不安定で厳しい状況にある労働者が生活苦を理由に暴動を起こす不安を少しでも解消したいという思いもあってのことである。

とはいえ、1930年代の「ペントハウス・ボリシェヴィキ」〔※本章末を参照〕とは異なり、自分たちの財産が削り取られることを容認するつもりなどさらさらない。その代わり、賃金保証、医療サービス、大学無償化、住宅支援、ギグワーカー（雇用主から福利厚生の対象外として扱われている労働者）への補助金など、それらに充てる費用の多くは中産階級が負担することになりそうだ。[13]

このモデルは、寡頭制社会主義（oligarchical socialism）と呼ぶのが最もふさわしい。資源の再分配は、労働者階級と衰退する中流階級の物質的要求を満たすことになるであろうが、社会的上昇が促進されることはなく、寡頭勢力の支配が脅かされることもないであろう。これは、古い産業経済からの180度転換を意味する。労働者は不動産を手に入れ、曲がりなりにも自給自足の生活ができるようになる、とはいかず、それどころか賃貸アパートに住み、将来に希望の持てない農奴のような未来が待ち構えている。[14] 大人になっても不動産を持てず、生活の基本的必要を補助金に頼るようになる。

トマ・ピケティが指摘するように、テックオリガルヒは、19世紀の一部の産業資本家と同様、技術的な才能を持つ人びとの高まる影響力が「人為的な格差を破壊する」一方で、「自然の格差を一層くっきりと浮き彫りにする」ことを期待しているのである。[15] しかし、新しいテック貴族もやはり、旧来の経営者エリートや腐敗した投機会社よりも自分たちのほうが、本質的に富と権力を持つにふさわしいとみている。[16] 自分たちは単に価値を創造しているだけでなく、より良い世界を築いているのだという確信があるのである。

初期のテクノロジーは、既存のやり方を破壊するものであったが、その基本的な目的は、人びとがよりコストをかけずに効率的に物事を進め、生産性を高め、暮らしやすい生活を送れるようにすることであった。社会学者のマルセル・モースは、テクノロジーとは「効果的な伝統的行為」のことだと述べている。概してそれは徐々に発展するものであって、革命的なものではなかった。[17]しかし、新しいエリートの多くにとって、テクノロジーは効率性や利便性よりもはるかに大きな意味を持つ。それは、ニルヴァーナ（涅槃、天国）に至る霊的な旅の始まりであり、かつ終わりである。

グーグルの描く未来像は、現実世界と仮想世界が融合する「没入型コンピューティング」を特徴とする。[18]グーグルのエンジニアリング部門を長年率いてきたレイ・カーツワイルに代表されるテックリーダーたちは、人工知能によって支配され、コンピューターとそのプログラマーによって管理される「ポストヒューマン（人類進化）」の未来創造について語っている。彼らは、老化を反転させ、人間の意識をコンピューターに取り込めるようにすることを夢見ている。このヴィジョンは、新しいテクノロジーが人間の進化の後継者であるという技術決定論への信頼、いや執着に支えられている。[19]しかし、それが多くの人の望む未来なのであろうか。

文化大革命

テックオリガルヒが文化を支配するためにすでに行っていることには用心したほうがよい。かつてＩＴ革命は、アルビン・トフラーが楽観的に予言した「メディアの非マス化」によって、より民主的なコミュニケーションの時代を切り開くように思われていた。しかし、誰もがリポーターになり、オーディエンスに情報を届けることができる、より多様で開かれたメディアの世界であるようにみえていたものが、きわめて少数の企業が情報パイプラインを支配する世界に変わろうとしている。[20] アメリカの成人の3分の2近くが、フェイスブックやグーグルを通じて情報を仕入れるようになった。[21] アメリカとイギリスのミレニアル世代は、それらのプラットフォームから情報を入手する割合が、印刷物、テレビ、ラジオといったメディアから入手する割合の約3倍となっている。[22]

印刷出版業とそれを支配してきた企業が長期にわたる、おそらく回復不可能な衰退に見舞われるなか、テックオリガルヒの力は強まっている。２００1年から２０１7年までに出版業界（書籍、新聞、雑誌）では29万人の雇用が失われた。40％もの減少である。今日どの新聞も雑誌もウェブサイトを開設しているが、オンライン広告の伸びがフェイスブックとグーグルに支配されているため、新規または小規模の出版物が生き残るのは至難の業となっている。２０１8年にはグーグルだけで47億ドルもの利益をニュース出版会社から得ているが、ニュース出版業界は縮小の一途をたどっている。[23]『シアトル・タイムズ』社長のアラン・フィスコは、「全世界のグーグルやフェイスブックの発展ぶりやその収益額に目が行きがちですが、われわれはその陰でテーブルから落ちたパンくずを拾っているのです」と語っている。[24]

テックオリガルヒは、既存メディアに壊滅的な打撃を与える一方で、それでも生き延びている老舗メディアを買収する手段も持っている。2010年以降、テック業界の大物とその親族は、『ニュー・リパブリック』『ワシントン・ポスト』『アトランティック』、さらに長期低迷中の『タイム』を1億9000万ドルで買収している。[25] 中国では、定評ある『サウスチャイナ・モーニング・ポスト』が国内最大手のオンライン小売業者アリババに買収された。[26] 出版・刊行物の獲得は、テックオリガルヒの虚栄心をくすぐり、文芸やジャーナリズムの世界への参入を後押しする。[27] こうして出版・刊行物を買収すれば、さらに優位に立てる。資金コストをあまり気にせずに、贅沢にコンテンツを制作することができるようになるからである。[28]

新しいオーナーが出版・刊行物の内容に影響を与えることを打ち消すのがお決まりだが、それは過去の経験とまったく矛盾する。20世紀初頭、シカゴのマコーミック家やウィリアム・ランドルフ・ハーストら、いずれも強欲な大物たちが新聞社を買収したとき、彼らはメディア帝国の拡大や反組合主義、自分たちの財産を脅かす者への妨害という方針を推し進めた。[29] 今日のマスメディアはすでに権力の集中に難色を示してはいるが、たとえばジェンダー、人種、環境問題などで、テックオリガルヒの進歩主義的な考えを支持する傾向にある。[30] 資金面での依存は、テック業界の利益をより後押しする論調となる可能性が高い。

ニュースは、テックオリガルヒに支配された文化の一分野にすぎない。アマゾンは書籍業界にたいして絶大な影響力を持ち、紙書籍の販売では50％以上、電子書籍の販売では90％以上のシェアを占める断トツの最大手であるが、著作物の複製を許可する力を持っている。[31] アシェットやマクミランのような老舗出版社でさえ、「人質」を取られた状態でアマゾンの要求に従わざるをえない場合がある。[32]

エンタテインメント業界もテックジャイアントの餌食になりつつある。2006年にグーグルが買収したユーチューブ（YouTube）は、音楽業界で決定的な存在となっているが、アーティストは従来受け取っていた報酬を得られない場合が多い。音楽ストリーミングやミュージックビデオは、グーグルのような企業がより多くの個人情報にアクセスし、そこで得たデータを広告主に販売するための新たな手段となっている。[33] 同じようなことが、広く映像の世界でも起こっている。シリコンバレーのベンチャー企業が出資するネットフリックスは、現在、どの映画スタジオよりも高い価値があると言われており、アマゾンと同様、同社が制作した番組の多くは数々の賞を受賞している。2018年にネットフリックスはどこの大手スタジオよりも多額の資金を番組制作に投じた。ネットフリックスとアマゾンはいずれも1億人をはるかに超える加入者を抱え、既存のケーブルテレビ会社が達成した顧客数をはるかに上回っている。[34]

テックオリガルヒは、情報パイプラインを支配するだけでは飽き足らず、コンテンツにも手を伸ばそうとしている。フェイスブックやX《エックス》（旧ツイッター）といった統制官（Controllers）は、サイト上のコンテンツを「キュレート」し〔訳注 インターネット上のさまざまな情報を特定の視点から収集し、整理・要約して公開・共有すること〕、不愉快な意見（たいていは保守的な主張）の排除すら行っていると元社員たちが証言している。(35)「ヘイトグループ」を排除するためのアルゴリズムは、往々にして網を広げてしまうという指摘もある。プログラマーにとっては、シリコンバレーの支配的文化に反する意見を述べるだけの人たちと「ヘイトグループ」とを区別することが難しいからである。(36) ソーシャルメディアプラットフォームの管理者がコンテンツをコントロールしようとしているというのは、なにも保守派だけの認識ではない。ピュー・リサーチ・センターの2018年5月〜6月の調査によると、ソーシャルメディアプラットフォームが「政治的主張を検閲している」と考えているアメリカ人は72％にのぼる。(37) テック分野の起業家ピーター・ティールが言うように、準独占状態にあるフェイスブックとグーグルは、他社と競合する心配がないため、顧客離れを恐れる企業よりもはるかに偏見にとらわれやすい。(38)

テックエリートは、メディアコンテンツにたいする支配力を強めることで、現代において無類の文化的優位性を発揮することのできる立場にある。(39) それは中世カトリック教会の文化的影響力を彷彿とさせるが、テックエリートのほうがより高度な技術を持っている。

監視する権利

中世の教会は、人びとが真実だと信じるものにたいして大きな影響力を行使していたかもしれないが、個人の行動や考えを監視する今日のようなツールは持っていなかった。そのようなプライバシーを丸裸にすることのできる新しいテクノロジーは、技術的な富を生み出す核となっている。個人データは、デジタル時代の原材料なのである。アリババの創業者ジャック・マーは「21世紀の電気」としての個人データの活用を考えている。(40)

アリババをはじめ、フェイスブック、グーグル、微信《ウエイシン》（WeChat）などの「スーパープラットフォーム」は、デジタル経済を舵取りしようとする人たちのゲートキーパー（門番）として主に機能しており、経済全体のかなりの部分へのアクセスを管理することができる。(41) この立場は、ユーザーの個人情報を収集するうえで大きな力となりうる。グーグルやフェイスブックなどのゲートキーパーがこうして情報収集を行っているとき、「私たちの行動は製品に変換されている」という見方もある。(42) そうしたかたちで集められた個人データは、いまやヨーロッパのGDPの最大20％を占めており、その重要性が高まるにつれ、私たちは農奴のような暮らしを送るようになる。ガスパール・ケーニヒというフランスのアナリストがそれを「デジタル封建制」と表現している。(43) 私たちの日常生活は、もはや私たちだけのものではなくなり、否応なく商品化されているのである。もちろん、これはすべての大手テック企業が当然の目標としているところであり、「VR（バーチャル・リアリティ）の父」とも呼ばれるジャロン・ラニアーが述べているように、すべては「不気味さを浸透させ、正しきパラノイアを喚起する」のに役立つ。[44]

監視は、顧客にほとんど通告されずに行われるかもしれない。フェイスブックはすでに、スマートフォンのマイクを遠隔操作でオンにして録音を開始し、ユーザーの会話を盗聴できる特許技術を持っていることを認めているが、その使用については否定している。[45] 2018年には、アマゾンの家庭内デバイス「アレクサ」が人間の会話を盗聴していることが発覚した。[46] こうした不正侵入は、いったん露見すれば、少なくとも一時的には停止される場合が多いが、テック企業にとってプライバシーの優先順位は低いと考えるのが妥当であろう。[47] グーグルのエリック・シュミット前最高経営責任者（CEO）は、かつてCNBCのインタビューにこう答えている。「誰にも知られたくないことがあるのなら、最初からやらないほうがいいんじゃないか」。[48]

テックオリガルヒによる監視下の生活という未来は恐るべきものだ。労働社会研究センター（CLASS）理事長で作家のエリーメイ・オヘイガンは、「もしもエクソンモービルが同じように私たちの生活の隅々にまで入り込もうとしたら、その影響力を抑えようとする草の根運動が起こるかもしれない」と『ガーディアン』に書いている。[49] そろそろ私たちは、個人の政治的立場に関係なく、今日の「恵み深き富裕階級（benign plutocracy）」がもたらす自由への脅威を認識すべきときにきているのではなかろうか。

※（ペントハウス・ボリシェヴィキ）1929年10月に起こった大恐慌で、アメリカでは資本主義への懐疑が広がる一方、繁栄を続けているようにみえたソ連の共産主義体制に憧れる人びとも増えていた。1930年代のアメリカは「赤い十年」とも言われ、共産主義シンパ（fellow travelers）の知識人や金持ちたちが社交パーティーを盛んに開いていた。その様子はユージーン・ライオンズ（Eugene Lyons）というロシア生まれのアメリカ人ジャーナリストが『The Red Decade: The Stalinist Penetration of America（赤い十年――スターリン主義者のアメリカ浸透）』（1941年）〔未邦訳〕を著して赤裸々に描いている。

「ブルジョア秩序の破滅が目前に迫り、その邪悪な恩恵に浴していた彼らは、愚かしくも偽わらざる高揚感に満たされた。自分たちが犠牲者になる運命にあるという些細な事情には気づかぬふりをして、すでに人民委員と処刑人の威厳を少しばかり帯びていた。まだ共産主義を『発見』していない人びとを彼らはどこまでも軽蔑した。／私の頭のなかで、こうした経済的マゾヒストたちに『ペントハウス・ボリシェヴィキ』というレッテルを貼るようになった。この私的な呼び名は、ソ連を真に崇拝する者しか招待されないという意味で『排他的』なペントハウス・パーティーに由来する」とライオンズは書いている。

当時スターリンは五カ年計画を開始したが、その裏では外貨獲得を目的として穀倉地帯ウクライナから農作物を強制的に徴発していた。これにより数百万人ものウクライナ人が餓死するか、シベリアの労働キャンプに送られて凍死した。「ホロドモール」と呼ばれるウクライナ大飢饉を意図的に隠蔽・否定し、ソ連の農業政策の成功についてモスクワから偽りの記事を書いて報告した人物がピューリッツァー賞受賞者で『ニューヨーク・タイムズ』モスクワ特派員のウォルター・デュランティであった。

ロジャー・L・サイモンとシェリル・ロンギンによる歴史ドラマ『The Party Line: A Play in Two Acts（党の方針――二幕劇）』（2012年）〔未邦訳〕は、デュランティのストーリーを一つの重要な柱に据えて描いている。サイモンとロンギンは、当時のアメリカが知的欺瞞の宝庫であったことを認識している。1933年に帰国したデュランティは、ニューヨークのウォルドーフ・アストリアで祝宴を開いた。1500人の政界のゲストや同じく誤った情報を信じるビジネスリーダーたちは起立して、このジャーナリズムの詐欺師に拍手喝采を送った。

この歴史的な出来事は、劇中に登場する架空の人物シド・ブロディによって効果的にドラマ化されている。ブロディは、幻滅したUPIジャーナリストで、喜んで騙された物知りたちを「ここマンハッタンで私が『ペントハウス・ボリシェヴィキ』と呼んでいる現象」と表現する。億万長者や美男美女、文学者や芸術家、そのほか有象無象がマンハッタンの豪勢なディナーパーティーにたむろし、共産主義が解決策だと主張する。このシド・ブロディという人物のモデルは明らかにユージーン・ライオンズであろう。

第6章

カリフォルニア州に封建制がやってきた

ハイテク封建制の未来像を描くには、その源流であるカリフォルニア州の現状を吟味するのが一番かもしれない。多くの進歩主義者は、「黄金州」〔訳注 カリフォルニア州の愛称〕、とりわけシリコンバレーを、より素晴らしく、緑豊かで、より平等な未来の先駆けであるとみている。[1] しかし、現実はまったく違う。カリフォルニア州は、社会的上昇のモデルどころか、中世の貴族や金ぴか時代のエリートにそっくりの、幅広い人脈を持つ少数の超富裕層が支配するところとなっている。

カリフォルニア州は、多くの人びとが憧れるチャンス溢れる環境から劇変した。カリフォルニア州史の第一人者ケヴィン・スターによると、当初のカリフォルニア州は大いなる約束の地であったという。「地図上にまだほとんど名前が記されていなかったにもかかわらず、アメリカ人はカリフォルニア州を再生のシンボルとして認識するようになっていた。そこは地理的にも期待値でも最後のフロンティアであった」と彼は書いている。[2] 19世紀半ばに合衆国に加入して以来、黄金州はさまざまな背景を持つ野心的なアウトサイダーが成功し、夢を実現できる場所として知られてきた。しかし、カリフォルニア公共政策研究所（PPIC）が2019年に実施した世論調査によると、カリフォルニア州は正しい方向ではなく間違った方向に進んでいると感じる人が増え、その割合はインランド・エンパイア地域〔訳注　同州南部内陸の都市圏〕では55％以上に達していることがわかった。[3] 有権者はトランプ大統領を嫌う以上に、州議会を嫌っている。[4] 消費者信頼感は、テキサス州やミシガン州など一部の州でわずかな上昇がみられたが、カリフォルニア州は2009年に3年ぶりの低水準を記録した。[5] 深刻化するホームレス問題にたいする怒りがその一因である。[6]

富も貧困もナンバーワン

カリフォルニア州の社会秩序を特徴づけているのは、いまや流動性（社会的上昇）ではなく、階層化である。リベラル派の経済学者ジェイムズ・ガルブレイスによると、カリフォルニア州は、富裕層と貧困層のあいだの富の分配の格差を表すジニ係数が全米で最も高い州の一つであり、その格差は北東部州を除くほぼどの州よりも急速に拡大しているという。[7] 中流階級と上流階級の賃金格差は全米最大であり、中流階級の賃金は全米とほぼ同じ水準だが、燃料費や住宅費はもとより、税金も飛びぬけて高いため、購買力は低い。[8]カリフォルニア州の格差は、メキシコのそれよりも大きく、カナダやノルウェーなどの先進国よりもグアテマラやホンジュラスなどの中米諸国の格差に近い。[9]

米国勢調査局によると、カリフォルニア州の貧困率（生活コスト調整済み）は全米で最も高くなったという。[10]アメリカの生活保護受給者の実に3分の1が、全米人口の12％を占めるカリフォルニア州に住んでいる。[11]２０１７年に行われたユナイテッド・ウェイの調査では、カリフォルニア州の3分の1近くの家庭が、請求書の支払いをするのがやっとの状態であることが明らかになった。[12]現在、カリフォルニア州の住民のうち８００万人（うち児童２００万人）が貧困にあえいでいる。[13]ＰＰＩＣの調査によると、カリフォルニア州の児童の45・8％がしばしば標準以下の住居に住んでおり、貧困レベルぎりぎりの状態にあることがわかっている。[14]

カリフォルニア州の人口の45％を占めるヒスパニック系とアフリカ系のアメリカ人は、特に厳しい状況に置かれている。ユナイテッド・ウェイの調査によると、ヒスパニック系住民の約3分の1、アフリカ系住民の約5分の1が貧困の淵に立たされているという。国勢調査局の生活コスト試算ツールによると、カリフォルニア州のアフリカ系アメリカ人の28％が貧困状態にあるが、全米では22％である。[15]州内最大の民族であるヒスパニック系住民の実に3分の1が貧困ライン以下で暮らしているが、州外では21％である。[16]書類なき移民〔訳注　「法的な書類上は『不法移民』だが、自らの意思で不法にアメリカへ入国したわけではなく、一定期間を越えてアメリカ国内に居住して就労し、かつ何の犯罪も犯していない外国人のこと」（出典：Imidas）〕を含むラテン系非米国市民の3分の1以上が貧困ラインかそれ以下で暮らしている。[17]

カリフォルニア州民の約3人に1人が住む広大な内陸部は、全米で最も高い貧困率に苦しんでいる。[18] 州内最大の大都市圏ロサンゼルスは、アメリカの主要都市圏のなかで最も高い貧困率を示している。[19] ロサンゼルスの一部では、ホームレスの野宿が増え、チフスなどの中世に流行した病気が発生している。中世を代表する疫病の腺ペスト（黒死病）も再流行の兆しがある。[20]

この15年のあいだにテック産業を中心とするベイエリアがカリフォルニア州経済の支配的地位を占めるに至り、カリフォルニア州の大半とは言わないまでも、多くの市民にとって状況は悪化の一途をたどった。かつては農業や住宅建設から、航空宇宙、エンタテインメントに至るまで、州経済の多様性によって、さまざまな人びとが成功をつかむきっかけを手にすることができた。しかし、グレート・リセッションの影響で、カリフォルニア州は他の州よりも一層深刻な打撃を受け、それ以降、カリフォルニア州で収入が伸びた地域は、明らかにテック産業の盛んなベイエリアに集中するようになった。カリフォルニア州のビジネス・ラウンドテーブル〔訳注　州内の主要企業（総従業員数50万人以上）の経営幹部で構成される超党派組織〕の発表によると、州全体で2015年から2016年にかけて雇用が増加した職種のほぼ3分の2が最低賃金かそれに近い水準であったという。[21] チャップマン大学のマーシャル・トプランスキー教授の計算によると、2010年以降に州内で創出された全雇用のうち80％が所得の中央値以下で、その半数は4万ドル以下と、高コストな州としては貧困賃金に当たる。つまりカリフォルニア州は、他の多くの州に比べて低賃金雇用の割合が高い状況にある。[22]

シリコンバレーの知られざる実態

テックブームの中心地であり、有史以来最も急速に富が蓄積された場所、カリフォルニア州のベイエリアは、新富裕層（mass affluence）を生み出すどころか、新たなディストピアを現出させている。ウェブサイト『ブルームバーグ都市研究所（CityLab）』は、シリコンバレーのあるベイエリアを「隔離されたイノベーション・エリア」と呼び、上流階級は繁栄し、中流階級は衰退し、下流階級は貧窮し、その状態が固定化しつつあるとしている。[23]

ブルッキングス研究所は、全米の大都市のなかで過去10年間に格差が最も広がったのはサンフランシスコであると報告している。[24] カリフォルニア予算・政策センターは、州内で最も経済格差が大きい都市にサンフランシスコを挙げている。[25] 膨大な富が集まるこの都市は、ホームレスが町中に溢れ、軽犯罪が横行する一方で、中流世帯が消滅の一途をたどっている。サンフランシスコでは過去10年間で、持ち家に住む世帯が3万1千世帯も消失した。[26]

かつて郊外にあって平等主義の手本とされたシリコンバレーの南側も、いまや階層化がかなり進んでいる。１９８０年代まで、サンノゼ地区は国内有数の平等な経済圏を誇っていた。製造・

組立・輸送・顧客サポートなどの仕事によって、さまざまなスキルを持つ人びとがカリフォルニア・ドリームを実現し、多くの工場労働者や中間管理職が持ち家を取得し、快適な老後を送ることができていた。1980年代は「シリコンバレーの成長と公平性が両立した素晴らしい時代だった」とマニュエル・パスターとクリス・ベナーは書いている。[27]しかし、シリコンバレーがテクノロジー分野で世界的に優位に立つようになると、階級間格差はますます広がった。2015年までに、サンタクララ郡とサンマテオ郡には約7万6000人の大富豪と億万長者が住んでいたが、何十万もの人びとが月々のローンを支払いながら家族を食べさせるのに四苦八苦していた。シリコンバレーの住民の30％近くが公的・私的な経済援助に頼っている。[28]

過去10年間の好景気のなかで、シリコンバレーの中流階級の労働者、ラティーノ、アフリカ系アメリカ人のコスト調整後の賃金は低下した。[29]雇用が製造業からソフトウェア産業にシフトしたことが、その一つの理由である。過去20年間にベイエリアでは製造業の雇用が約16万人失われた。IT産業は大きく発展したものの、新規のソフトウェア企業は、従来のハイテク企業を含む他業種の企業に比べて必要な労働者数が少なくて済む。従業員一人当たりの売上高は、たとえばインテルと比べればその2～3倍である。[30]しかも、そうした企業は一時滞在ビザを持つ非市民（市民権を持たない人）を大量に雇用する場合が多く、現在ではシリコンバレーの技術系労働者の40％以上がこうした非市民で占められている。[31]一方、テック業界で働く黒人やラティーノの従業員の数は減少の一途をたどっている。[32]

ソフトウェア産業に就職したからといって、必ずしも実入りが良いとはかぎらない。幅広いサービス業で労働者が置き去りにされており、その多くは請負契約で働いている。警備員の年収は約2万5000ドルである。[33]グーグルなどの企業で働く下流階級や中流階級の労働者の多くは、トレーラーハウスを駐車場に停めて生活しており、車のなかで寝泊まりする者もいる。シリコンバレーには、全米最大級のホームレスの野営地がある。[34]

かつて中流階級の憧れの地であったシリコンバレーは「寸断され、分断された」状態となり、「ハイテク・コミュニティは、より広大な地域、特に貧しい地域から大きく隔絶している」とパスターとベナーは指摘する。[35]

逆戻りの社会進化

ＩＴ起業家で作家のアントニオ・ガルシア・マルティネスは、テックカルチャーの雑誌『ワイアード』に寄稿した論考において、現代シリコンバレーの特徴を「より快適にお買い物ができる封建制（feudalism with better marketing）」と表現している〔訳注　オンデマンド経済は、自分とは異なる階級の人たちとの交流機会を減らし、格差の壁をつくりだす。例として、ある中流階級の人間が買い物代行サービスを利用して食料品を届けてもらうケースが紹介されている。スマホのアプリで注文すれば、ギグワーカーが配送業務を担い、商品を届けてくれる。シリコンバレーのように階級社会の発達した社会では、別の階級の人間との接触を極力避け、快適に買い物ができるわけである」。シリコンバレーには、ベンチャーキャピタリストや会社設立者たちの明白なエリート層が存在する。そのすぐ下には高いスキルを持つ専門技術者がおり、高給取りだが、物価も税金も高いため、一般的な中流階級の暮らしを送っている。さらにその下には膨大な数のギグワーカーがおり、ガルシア・マルティネスは彼らを南部の小作人にたとえている。そして底辺にいるのが、ホームレス、薬物依存症者、犯罪者といった不可触民《アンタッチャブル》階級の人びとである(36)。

ガルシア・マルティネスの描く社会は「高度に階層化され、社会的流動性に乏しい」社会である。物価が高く、大半の人はなかなか持ち家を持つことができない。ギグエコノミーの労働者は、家賃の支払いに汲々とし、自動車や友人宅のソファで寝泊まりし、遠距離通勤を余儀なくされ、現在の境遇から抜け出す機会はほとんどない(37)。カリフォルニアのギグワーカーのうち約半数が貧困にあえいでいる(38)。その下にいる「不可触民」の人たちの前途は、さらに厳しいものがある。

この逆戻りの社会進化は、左派右派を問わず、多くの人を苦しめている。アメリカだけでなく、カナダやヨーロッパでも、テック帝国の規制、反トラスト法の強化、あるいは大手テック企業の国有化などを求める声が日ましに高まっている(39)。かつて好意的であった進歩主義者のなかにも、最近では、テックオリガルヒを「略奪的資本主義」の新たな手先とみなし、民主主義への大きな脅威であると捉える者もいる(40)。

結局のところ、テックオリガルヒの台頭から利益を得る者はほとんどいない。半世紀ほど前、ダニエル・ベルはその代表作『脱工業社会の到来』のなかで、新しい知的技術がそれを自在に操る者に「社会的錬金術学者の夢、すなわち大衆社会の〝統御〟という夢」を実現させると予言した[41]。少数のテクノロジストと金融専門家が経済と情報パイプラインの大部分を支配し、人間行動のあらゆる側面を収益化可能にすることは、民主的な自己決定と相いれないように思える[42]。

スタンリー・ビングの小説『Immortal Life（不死の生命）』（2017年）〔未邦訳〕は、テックオリガルヒに支配された近未来の社会を描いている。小売、エンタテインメント、農業など、あらゆる市場分野における売上の97％を支配する老練なテック業界の大物たちが、「一つの巨大な、相互に結びついた利益の束」によって、混乱した政府に事実上取って代わる社会である[43]。民主的政府は単に制約されるだけではない。不要な存在と化してしまうのである。人間の脳にデバイスを埋め込み、全人類に接続された中央のクラウドを制御することで世界を支配しようともくろむ大領主たち。この小説は「近々起こる真実」と副題に謳っているが、あながち的外れとは言えないかもしれない。

いまこそ自問自答すべきは、テックオリガルヒが考えているような、階層化が進み、社会的流動性が滞り、中央でプログラミングがなされるような未来が、私たちの望む未来なのかということである。テックオリガルヒの思い描く未来像が現実化しそうなこと、またすでにカリフォルニア州でその先駆的な姿がみられることを考えると、これに抵抗することが現代の大きな課題であるといえる。

第Ⅲ部

有識者

「徹底した科学的独裁は、絶対に倒されることはない」

オルダス・ハクスリー『すばらしい新世界再訪』

第7章

世界統制官

北米だけでなく、ヨーロッパやラテンアメリカでもポピュリストの運動や政党が影響力を持つようになり、ジョージ・オーウェルが『1984』で、あるいはマーガレット・アトウッドが『侍女の物語』で描いたような新しい権威主義の時代を予測する声が多く聞かれるようになった[1]。しかし、未来の専制国家モデルとしては、オルダス・ハクスリーの『すばらしい新世界』のほうがより現実味がある。その世界で支配的地位にあるのは、白髪交じりのスターリン的人物や狂信的原理主義者ではなく、「世界統制官（World Controllers)」と呼ばれる穏やかで合理的な上級管理者である。

世界統制官は、最上層のアルファ族から最下層のエプシロン族まで、生物学的に設計された5つの社会カーストからなる世界国家を統率している。アルファ族は、自分たちが優位に立ち、下位階級の者に働いてもらうことを当然の権利と考えている。人間は培養瓶のなかで製造されるため、人びとはもう子どもをつくらない。遠方にあるごく一部の「未開人居留地」を除いて、家族はもはや存在しない。世界国家の市民は、アメニティに富んだ寮に住み、〔ソーマと呼ばれる〕快楽薬を服用し、責任なり結果なりにはお構いなく自由にセックスを楽しんでいる。このような家族なき生活は、マーク・ザッカーバーグが描くフェイスブック従業員の理想像にそっくりである。「私たちは車を持たないかもしれない。家族も持たないかもしれない。しかし、人生をシンプルにすることで、大切なことに集中できるようになる(2)」。

ハクスリーの筋書きは、今日のテックオリガルヒが望んでいる社会に不気味なほど似ている。テクノロジーによって条件づけがなされ、優れた知性を持つエリートによって支配される社会である。『すばらしい新世界』における世界統制官の権力は、主に文化的価値観を型に嵌《は》める能力を拠り所としている。今日の有識者層のトップにいる人たちのように、受け入れがたい考えを無理やり抑えつけるのではなく、それを卑劣、滑稽、不条理、はては猥褻だと決めつけることによって排除するのである。世界統制官の発する宣言は権威あるものとして受け入れられるため、ムッソリーニやヒトラー、スターリンなどよりもはるかに巧妙かつ効率的に思想独裁を敷くことができる(3)。

中世において、社会的・文化的価値観に関するカトリック教会の教えは、大きな道徳的権威を持つものと一般に考えられていた。中世の聖職者たちは、物質主義、エゴイズム、美、野心といった古典社会の価値観を、貞操、自己犠牲、その他の世俗的な価値観に置き換えようとした聖アウグスティヌスの影響を強く受けた価値体系を説いていた。[4] ピティリム・ソローキンが書いているように、聖職者階級は古典文明の「感覚的文化（sensate culture）」を、霊的関心を中心とする「観念的文化（ideational culture）」に変えた。[5]

近代に入り、聖職者の文化的役割が低下するにつれ、その役割を次第に担うようになっていったのが、サミュエル・テイラー・コールリッジの言う「有識者（clerisy）」である。聖職者も「有識者」の一員であるにはちがいないが、総じて時代とともに世俗化していった。現在では、大学教授、科学者、公共知識人、慈善財団の代表者などが「有識者」に含まれる。[6] これらの「有識者」は事実上、聖職者に代わる「新しい正当性付与者（new legitimizers）」として登場する[7]〔訳注　new legitimizersの語はマックス・ヴェーバー著『経済と社会』第一巻のイントロダクションで編者の一人ギュンター・ロートが使用〕。

認知エリートの理想

支配階級がその優れた認知能力のゆえに正当な指導者となるという考え方は、少なくともプラトンが最も優秀で才能のある者によって社会が運営されるべきことを提案した古代ギリシアにまで遡る。これはマルクスが「エジプトのカースト制度をアテネ人が理想化したもの」と評したヴィジョンである。16世紀のトマス・モアの『ユートピア』など、その後のユートピア文学では、開明的な人びとが公正で豊かな社会を築く一方で、大衆の自由が厳しく制限される様子が描かれている。[8]

20世紀初頭、H・G・ウェルズは、「機能不全に陥った大衆（non-functional masses）」を「大規模に支配し、制限する」責任を担える「有能な人間たちからなる新興階級」を構想した。ウェルズは、この新しいエリートにより民主主義は「より高次の有機体」に置き換わると予言し、それを「ニュー・リパブリック（新共和国）」と名づけた。[9]

ニューディールの時代には、大学教授やその他の専門家、さらには有能なジャーナリストの手にさらに強い意思決定権を委ねることが広く支持された。第二次世界大戦と冷戦の時代には、公共政策の問題について、科学者や技術者、その他の知識人にさらに大きく依存する考え方が強まった。[10] 社会学者のC・ライト・ミルズは、支配的な認知エリート（cognitive elite）の創設を提唱し、「知識人のほかに、明確な歴史的意思決定が歴史に果たす役割を見極められる者がいるだろうか」と問いかけた。[11]

1970年代にドイツや日本などとの経済競争が激化したとき、アメリカの政策知識人のなかには、「混乱した競争市場」のせいでアメリカ経済が衰退しているとし、これに合理的秩序を与えるための強力な計画者グループを立ち上げるべきだと主張する人たちもいた。[12] 今日、ジャーナリストのトーマス・フリードマンやオバマ政権で行政管理予算局局長を務めたピーター・オルザグたちが、ワシントン、ブリュッセル、ジュネーブなどで、有資格の「専門家」に一層の権力を与えることを主張しているのは、社会問題が複雑すぎて、選挙で選ばれた代表者では対処しきれないと考えているからである。[13]

今日の「知識階級」

いまから半世紀前、ダニエル・ベルは、脱工業社会において、教育上の達成と知識の獲得によって地位を確立した人びとからなる新しい「知識階級」が誕生しつつあることに気づいていた。[14]この知識階級は、理論的には能力主義社会《メリトクラシー》の象徴であったが、高学歴の（特にエリート大学出身の）男女が結婚し、その地位を永続的に維持しようとしたため、ほとんど世襲化している。大卒の男女が結婚する割合は1960年に25％であったが、2005年にはほぼ倍増し48％となった。[15]ベルが述べているように、能力主義社会で高い地位にある親は、その強みを活かしてわが子の将来を希望あるものにしようとし、それから「一世代も経つと、能力主義エリートはいとも簡単に孤立した少数階級（enclaved class）となる」のである。[16]

マイケル・リンドは、「国内や世界の大企業・公共団体を運営する官民の官僚」、非営利団体の役員や大学教授を含む「上流階級の管理者（経営者）」かどうかを判断する基準として「専門職・大学院学位」を用いている。リンドはこの「上流階級（overclass）」をアメリカ国民の約15％と推定している。[17]チャールズ・マレーは、「新上流階級（new upper class）」をより狭く定義し、経営管理職、専門職〔医師、法律家、エンジニア、建築家、科学者、大学教職員など〕、メディア〔マスコミのコンテンツ制作職〕で成功している上位5％の人びと、すなわち3億2000万人超の米国民のうち約2400万人が新上流階級に属するとしている[18]。（これに対し、フランス革命前夜には第一身分は全人口の1％程度であった[19]）。現代フランスの地理学者クリストフ・ギユイは、グローバリゼーションから利益を得るか、少なくとも被害を受けていない人びとや、自らの特権を正当化する「道徳的優位性」を前提に活動している人びとを「特権階層（privileged stratum）」と呼んでいる[20]。

私が「有識者」と呼ぶ集団は、寡頭支配者よりもはるかに範囲が広く規模も大きい。その多くは、教師、コンサルタント、弁護士、政府職員、医療従事者など、物質的生産以外の仕事に従事する労働者で、その範囲は拡大している[21]。こうした専門職は市場のリスクをほぼ免れている。しかも、高所得国の労働者に占めるその割合も高まっている。2010年以降に急成長した職業の多くは、芸術、パーソナルケア、ヘルスケアで、通常は非営利団体や国家とつながりのある仕事である。一方、中小企業経営や基礎産業・建設業など、民間部門の中流階級の職業に就いている労働者の雇用市場に占める割合は減少している[22]。

ヨーロッパも似た状況にある。フランスでは、過去四半世紀のあいだに100万人以上の低技能職が姿を消したが、技術職は公共部門、民間部門ともに著しく増加した[23]。国営企業や大学その他の有識者層の職場で働いている人は、純粋に民間企業で働いている人よりも年金などの福利厚生がはるかに充実している。[24]
このような成長部門に身を置く人びとの多くは、国民の意識や政策に多大な影響を及ぼしうる立場にある。つまり文化的な「正当性付与者」として行動することができるのである。

「魂のエンジニア」

中世の聖職者は、教育や書き言葉を支配する力を通じて文化的意識を型に嵌めることができた。現代において主にこの役割を担うのは、ジャーナリスト、小説家、映画監督、俳優、芸術家など、スターリンが「魂のエンジニア」と呼んだことでよく知られている職業の人たちである。[25]
作家その他のクリエイティブな人びとは、権威に抵抗し、異なる立場に寛容であるかのように描かれることが少なくないが、歴史がしばしば示しているように、彼らだけが取り立てて正統派に抗おうとしたわけではなかった。ロシアで最も優れた英才たちの多くはボリシェヴィキによる文化改造の動きを支持または支援し、大衆が生活に呻吟しているにもかかわらず、自分たちはたいてい快適な生活を享受していた。新しい支配エリートは、旧貴族の財産や所有物を自分たちのものにした。[26]
ドイツでは、オスヴァルト・シュペングラー、カール・シュミット、エドガー・ユングといった右派の知識人が、ナチスに先駆けてイデオロギー畑を耕すことに貢献した。[27] 多くの独創性に富む著名な人物たちが、ウィーン時代に芸術家として日の目を見なかった総統を芸術家仲間として歓迎し、ドイツ文化を外国の汚染から「浄化」しようとするヒトラーの取り組みに協力を惜しまなかった。歴史家のフレデリック・スポッツによると、ナチス政権の発足後数カ月間は「頼みもしないのに忠誠の言葉が降り注いだ」という。しかし、ナチスの政策が左翼の知識人や芸術家、同性愛者やユダヤ人を敵視していたことから、そうした言葉の一部は保身的なものであったという(28)。

歴史家のクラウス・フィッシャーは、右派のものであれ左派のものであれ、全体主義は「独自の教義、司祭、異端審問がセットになった20世紀版の伝統的な宗教性（religiosity）を象徴する」と述べている(29)。全体主義の司祭は、多くの場合、学者、芸術家、知識人といった現代の有識者の代表である。

新しい正統への流れ

第二次世界大戦が終わってからの数十年間、アメリカでは文化や社会をめぐって、保守派とリベラル派、さらにはマルクス主義者のあいだで、曲がりなりにも健全な議論が交わされた。ソビエトやファシスト政権の厚顔無恥なプロパガンダとは対照的に、アメリカのニュース・メディアは、公平であること、多くの視点の正当性を尊重することを理想とした。もちろん常にそれが実践されたわけではないが。
今日のニュース・メディアは、一つの正統的な主張ばかりを報じる傾向が強くなっている。[30] これは、ジャーナリストという職業の構成が変化したことに一因があると考えられる。かつては地元地域社会とつながりを持つ労働者階級の記者が多かったが、いまでは大学（特にジャーナリズム専攻）で学位を取得し、コスモポリタニズムへの志向を強める記者が増えてきた。こうした記者は、政治的には圧倒的に進歩主義的な傾向を持っている。2018年の時点でアメリカ人の記者のうち共和党支持者は7％にとどまり、ジャーナリストが行う政治献金の約97％は民主党に流れていた。[31] 似たようなパターンは、西ヨーロッパ諸国においてもみられる。フランスではジャーナリストの3分の2が社会主義左派を支持し、特定の被害者団体を感情的に刺激するようなことがあれば、謝罪に相当の労力を費やさなければならない場合もある。[32] ジャーナリズムのこうした政治的傾向は、ロンドン、ニューヨーク、サンフランシスコなど一部の大都市にメディアが集中したことで一段と強まっている。[33]
一方で、2019年のランド研究所の報告書が示すように、ジャーナリズムはファクトベースのモデルから世論の動向に左右されるモデルへと徐々に変化している。たいてい左寄りの世論が支配的ではあるが、それ以外の右派のメディア機関も世論に迎合的である。ランド研究所は、結果的に社会にもたらされるのは「真実の崩壊」だということを示唆している。[34]
エンタテインメント・メディアもまた、左派の正統的な主張の砦となりつつある。かつては保守派とリベラル派に分かれていたハリウッドも、他の地域の映画界と同様、いまや激しく左傾化している。リベラル派のコラムニストであるジョナサン・チャイトは、主要なスタジオやネットワークで提供される作品を調査し、「すべてではないが、自由主義《リベラリズム》が蔓延している」ことを発見した。[35] この偏向は、経営幹部の政治的見解を反映したものであり、大手エンタテインメント企業の幹部が2018年に行った政治献金の99%以上は民主党に流れている。[36]

今日、ジャーナリスト、学者、シンクタンクの研究員など、保守派の「有識者」層も存在する。しかし彼らには、支配的な主流メディアや大学、より広く文化に与える影響力がほとんどない。真の意味での文化的な権力と影響力は、トマ・ピケティが言うところの「商人右翼」ではなく、「バラモン左翼」が握っている。[37]

現代の有識者は、家族問題一つとっても、自分は一般人よりも賢いと思い込み、メディアや教育制度、文化的生産のさまざまな場面で、自分の基準を押しつけようとするきらいがある。人種間関係や「白人の特権」といった問題にたいする彼らの判断は、同性愛や離婚、避妊などに関する伝統宗教の教えよりもむしろ冷酷な場合すらある。また「正しい」世界観から外れた者は、自分が何かしら「原罪」を犯したかのような思いにさせられ、そのために許しを請うことはできても、干された状態が続く。[38]

テクノクラート権威主義

政府の意思決定に関する研究を行っているキーウ大学のスラヴィサ・タシッチ教授によると、生まれながら優越感を抱いている人は、自己の能力を過信し、自分の価値観に沿った政府の強い行動を支持する傾向があるという[39]。しかし、知的優位を誇る「専門家」が説明責任を果たさぬまま支配的地位にあぐらをかいてきた歴史は、自由民主主義にとってあまり喜ばしいものではない。

ムッソリーニのファシズム思想は、いまでこそ反動的で道化のように思われているが、当時は認知に優れた支配階級が科学的原理に基づいて社会を統治するという理念を強調するものであった[40]。ファシズムの宿敵ソ連共産主義も、同じようにテクノクラート主導の道を歩んだ。1890年代後半、エンゲルスは、技術こそが生産性の向上を達成する鍵であり、資本主義を必要とせずに社会を変革することができると考えた[41]。マルクスは、テクノクラートたる行政官や科学者が社会を進化させるうえで決定的な役割を果たすと固く信じていた。彼はチャールズ・ダーウィンに『資本論』を献呈したほどである[42]。マルクスにとって最初に成功した従者であるボリシェヴィキは、イデオロギーに駆り立てられた少数のエリートが、後進国ロシアを地球上で最も先進的で進歩的な体制に変えることができると信じていた。ボリシェヴィキは、自分たちと同じイデオロギーを持つエリートが旧来の貴族に取って代われば、より平等な社会が実現できると信じていた。

「1万人の貴族がロシア全土を支配できるのであれば、どうしてわれわれにできないことがあろうか」とレーニンは訴えた。[43]

ソ連崩壊時、ノーメンクラトゥーラ〔訳注　共産党の特権階級。「赤い貴族」とも呼ばれた〕は真のエリート75万人から成っていた。彼らとその家族は全人口のわずか1・5％であり、14世紀のフランスの全人口に占める貴族の割合と大差なかった。[44] スターリンは、ノーメンクラトゥーラが「特別な型」から生まれることを期待していたが、彼らは「他の誰とも同じ、誤りやすい普通の人間」であることを露呈した。ソ連の体制が瓦解したあと、ノーメンクラトゥーラの一部メンバーはその影響力を利用して民営化された産業の支配権を獲得し、有力なオリガルヒ（新興財閥）としてのし上がった。[45]

今日、地上最強の有識者集団は中国にいる。知識人や学者は長らく中国の政治や行政にたいして影響力のある役割を果たしてきたが、それはかつて西洋の有識者が市民のなかで最も教養のある存在であったときに果たした役割に似ている。[46] 伝統的に中国の高級官僚は儒教の教えに従い、学問を「自己のため」ではなく、「共同体で生きる資質」を培い社会形成に寄与するための手段として尊重していたと中国人学者杜維明《ドゥウエイミン》は書いている。[47]

毛沢東は、旧来の官僚制度を敵視する一方、マルクス主義者らしい科学への信仰から技術的専門知に高い価値を置いた。「われわれは太陽と月が入れ替わることを教えることになる」と予告した毛沢東は、それを実現するために全人民の頭脳を必要とした。[48] しかし科学技術の専門家たちは、統治権力に忖度してか、あるいは恐れるあまり、飢饉を引き起こして3600万人もの犠牲者を出した常識外れの大躍進政策に表立って反対しなかった[49]。目撃者の一人で、ジャーナリスト兼作家の楊継縄《ヤンジーシェン》は、党幹部が農民を「消耗品」とみなしていたと書いている。党幹部は「次から次へと運動に動員をかけ、従わない者を殴打し、拘留し、拷問にかけるなど威圧的で残虐になっていった[50]」。

毛沢東以後の中国政府は、特に経済面で以前よりも草の根の意見に耳を傾け、多様な考え方を歓迎するようになった[51]。しかし、毛沢東時代の恐怖が過去のものとなるにつれ、起業家的スキルはあまり評価されなくなり、学歴がより重視されるようになった。社会的地位、高級マンションに住めるだけの収入、結婚相手や交際相手は、多くの場合、エリート大学の出身かどうかで決まる。これは現代の中国にかぎったことではなく、東アジア全体に当てはまる[52]。

学歴は、中国国家の最も強力な官僚機構を支える「専門職・管理職階級」に入るためのチケットである[53]。最近の調査によると、この高学歴階級は党国家にたいする潜在的な対抗勢力とはならず、むしろ権威主義体制の防波堤として機能しているという。シドニー大学中国研究センター所長のデイヴィッド・グッドマンの指摘によると、高学歴の中国人は、低学歴の大衆が声を上げることを許すような民主化改革には反対する可能性が高いという。アメリカや西ヨーロッパ諸国に留学している中国人学生でさえ、帰国後の身の振り方を考えて共産党政権を支持している[54]。

現代中国の官僚たちは、侵入技術の力を借りて社会の方向づけや市民生活の規制に力を注いでいる。実際、これまで見てきたように、「社会的信用」システムは、適切な行動を示した者に旅行の権利を含むさまざまな権利や特権を与えるために使われている。(55)

誰が番人を監視するのか？

権力者の地位を手にしている現代の有識者たちは、利害関係のないアクターとして社会のために合理的な選択を行っている者とみられることを欲している。しかし彼らにしても、先入見や私利私欲から逃れることはできない。日本の政府官僚は無私無欲で愛国心をもって公益に尽くす官僚モデルとして描かれ盛んにもてはやされてきたが、実際には多くのトップ官僚が「天下り」と呼ばれるシステムによって、かつて自らが監視していた業界から多額の報酬をもらって仕事をしている。(56)

欧米のエリート官僚は、イデオロギー的偏見や階級的利害を否定する傾向がある。しかし、ジェームズ・バーナムが指摘したように、彼らは一般に、管理者自身が望む成果を上げるための効率性を重視する「管理者主義（managerialism）」の思想を共有している。管理者階級は権力を持つようになるにつれ、内向きの傾向が強くなる。彼らの責任意識は、市民など眼中になく、同じ階級に属する者や有能な仲間集団の一員とみなされる者にだけ向けられている。(57)

私たちの社会が直面している複雑な問題、たとえば気候変動、大量移民、テクノロジーの影響などは、しばしば選挙で選ばれた代表者の能力では対処しきれないように思えるかもしれない。もし高等教育によってより賢明な判断力を持つ優秀な人材が育つのであれば、社会をコントロールする大きな権限を高学歴の専門家に委ねることも許容されるかもしれない。しかし、オルダス・ハクスリーも述べているように、科学者やその他の専門家が、美徳や政治的叡智の独占権を握っているわけではない(58)。

高学歴を笠に着て自らの道徳的権威や専門知識を振りかざすエリートに過大な権力を与えてしまうことは明らかに危険である。というのも、彼らは選挙で選ばれたわけではなく、説明責任も負わないからである。ハーバード大学で政治学博士号を取得し、現在ジョンズ・ホプキンス大学高等国際関係大学院で准教授を務める進歩主義者のヤシャ・モンクは、最高学歴と高度な資格を持つ人びとによる統治は、きわめて非自由主義的であると指摘する(59)。有識者の中核的存在であるエリート進歩主義者の多くは、そのような社会モデルがお好みなのかもしれないが、それは政治的多元主義を危険にさらすことになるであろう。高学歴エリートが自分の正しさを過信している場合はなおさらそうである。『アトランティック』が委託を受けて行った調査によると、高学歴者はいまやほぼ間違いなく、アメリカで最も政治的に不寛容な集団であるという(60)。

ダニエル・ベルが予言したように、有識者は今後数十年のうちに「大衆社会を〝統御〟する」手段として「新しい知的技術」を採用するかもしれない(61)。環境問題から人種・性的マイノリティにたいする「無意識の偏見《アンコンシャス・バイアス》」の概念に至るまで、あらゆるものの考え方がテクノロジーを使って再プログラミングされる可能性がある。グーグルのような企業や大学のキャンパスでは、すでにテクノロジーを駆使して従業員や職員の思考を監視し〝矯正〟している。[62] 中国政府は、時にアメリカのテック企業の助けを借りて、思想の監視と世論の統制に取り組んでいるが、これは今後ヨーロッパやオーストラリア、北米で起こることの先駆けとみることもできる。[63]

有識者にそれほど強大な権限を持たせる前に、古いラテン語の言葉を噛み締めてみたくなる。「クゥィス・クストーディエト・イプソース・クストーデース（*Quis custodiet Ipsos custodes*）」――誰が番人を監視するのか。

第8章

学問の府

大学は長いあいだ上流階級の門番としての役割を果たしてきたが、20世紀最大の功績であったはずの、多くの人びとへの機会の拡大という点では、あまりうまくいっていない[1]。20世紀に高等教育の範囲は劇的に拡大し、良い仕事に就くための学歴の重要性も高まった。最も有利な地位に就くためには、エリート校の学位がより決定的な要素となり、しかも一流校は社会的な排他性をますます強めてきている。

これはアメリカだけの話ではない。たとえば中国では、経済的・技術的優位性を確保すべく、政府は高等教育、特に技術系科目を大幅に拡充してきた。中国の大学教員数は過去20年間で100万人増加した[2]。しかし、高等教育は国の支配階級に入るための鍵でもあり、エリート学位は非常に重視されている。2012年までに、中国の最高意思決定機関である政治局常務委員会の委員9人のうち少なくとも5人は、共産党が次世代の高級官僚を育成するためにその10年前に開始したプログラムに沿って自分の子や孫をアメリカのエリート大学に留学させていた。[3]

この問題をグローバルな視点で捉えているのが、『超・階級（スーパークラス）――グローバル・パワー・エリートの実態』（２００９年、原書は２００８年）の著者デヴィッド・ロスコフである。同書は、彼がグローバルな「スーパークラス」と呼ぶ人びと、すなわち企業や銀行・投資会社、政府、軍、メディア、宗教団体などで活躍するリーダー６０００人以上をリストアップしている。ロスコフと彼の協力者は、このリストから「世界的に各分野を代表する見本」となる３００人の名前を無作為に抽出し、10人中３人近くがスタンフォード、ハーバード、シカゴ大学などのエリート大学20校のいずれかに通っていたことを明らかにした。[4]

また大学の存在は、ニューヨーク大学学長のジョン・セクストンが世界的な「アイデアの都」と呼ぶニューヨークやボストン、ロンドン、パリ、北京などの大都市の優位性を高めるものとみなされている。それらの大都市にある大学とその卒業生は経済成長エンジンの基幹となっている。[5]

新しいエリートの確立

大学の拡大ほど、アメリカ社会における有識者の役割を明確にし、強化したものはあるまい。１９１０年から１９４０年までのあいだにアメリカの大学入学者数は3倍に増加した。[6] そしてそれは、戦後のベビーブーム世代が大学生になった頃からさらに大きく拡大しはじめた。１９６４

年に５００万人だったアメリカの大学入学者数は、１９７０年に７６０万人を超え、現在約２０００万人に達している。[7] 労働力人口に占める大卒者の割合は、１９７０年に11％以下であったが２０１０年には30％以上に急増し、その後もほぼ同じ割合で増えつづけている。[8]

大学進学率の上昇は、世界的にはさらに顕著である。世界全体の高等教育就学者数は、２０１５年の2億１４１０万人から２０２０年には2億５０７０万人に増加すると予想されていたが、このままいけば、２０３０年には3億７７４０万人、２０４０年には5億９４１０万人にまで増加するかもしれない。そのとき全世界の大学生の４割が東アジアと太平洋地域に、４分の１以上が南アジアと西アジアに集まることとなるであろう。[9]

しかし、この民主化の流れに逆行するように、アメリカでは大学教育費が高騰している。１９６３年から２０１３年までのあいだに国民の平均給与額に占める大学教育費の割合は３倍以上に増えた。[10] そのため一流大学は社会からますます隔絶した存在となる一方、社会で成功をつかむための重要性はますます高まっている。エリート大学のほうが、一般の大学よりも寄付金が潤沢に集まり、入ってくる学生の学力も高い。[11]

ハーバード大学、プリンストン大学、スタンフォード大学、イェール大学では、所得分布の上位１％の世帯の学生が下位60％の世帯の学生より多く入学している。[12] 裕福な家庭は、エリート大学の高い授業料だけでなく、一流小中学校に通うのに必要な費用も賄える。非宗教系私立高校の卒業生は、全米の学生の２・２％を占めるにすぎないが、ハーバード大学の学生の26％、プリンストン大学の学生の28％を占めている[13]。高所得者層の親は、美術館ツアー、SAT（大学進学適性試験）対策クラス、無給インターンシップなどの特典を子どもに与える余裕がある。左派の重鎮で元ハーバード大学教授のロバート・ライシュによると、現代のエリート大学は主に「富裕層と上層中流階級の子弟を教育するために」設計されているのだという[14]。

現在の一流大学は、1869年にハーバード大学の学長となったチャールズ・エリオットが思い描いたとおりの役割を果たしている。それは、見識ある国の支配層、いうなれば「アルファ族」を率先して生み出すことである[15]。『ナショナル・ジャーナル』がアメリカ公共部門の最高意思決定者250人を対象に行った調査によると、その4割がアイビーリーグ出身者であることがわかった。公立大学で大学院の学位を取得した者はわずか4分の1にすぎなかった[16]。

一流大学を出たという事実は、民間企業で最高の仕事に就くための大きな武器となる。ハーバードビジネススクールの学長ニティン・ノーリアが明らかにしているように、20世紀後半になると、企業の経営幹部は自社の人材採用において、家族の人脈や所属する宗教団体を重視するのではなく、ビジネススクールのMBAや同様の資格の取得を優先するようになった。この変化は民主化効果をもたらしたかもしれないが、熾烈な就職競争に生き残れるのは、事実上、きわめて限られた大学・大学院の卒業生に絞られる。一流大学・大学院の学位がなくても、就職先を見つけられるかもしれないが、多くの場合、契約社員か下働きの仕事で、いくら勤勉に働き、経験を積んだところで、出世するチャンスはほとんどない[17]。

イギリスも同様で、かつては高等教育の拡充が階級の壁を取り払う方法だと考えられていたが、現在では大学の学位がかえって階級の壁を際立たせることとなっている。デイヴィッド・グッドハートは、学歴重視の傾向が強まると、上流階級出身者が大半を占めるエリート校の卒業生が有利になると指摘する。エリート校の卒業生は、大卒者全体のわずか7％だが、全米の出版ジャーナリストの50％、上級判事の70％を占めている[18]。

アメリカでは、エリート校とその他の大学のあいだに学歴格差があるだけでなく、同じ大学内でも階級格差が広がっている。大学の上級管理職、学部長、終身雇用教員は、デヴィッド・グレーバーが現代の荘園主義（manorialism）に譬えたような環境で生活しており、贅沢やレジャーを当然の権利として享受している[19]。しかし、実際に研究活動を行っている人たちの多くは、中世の貧しい教区の司祭に近い暮らしぶりである。アメリカの大学教員に占める非常勤講師の割合は40年前の55％から現在では70％にまで増え、4人に1人が何らかの公的支援を受けて生活している。彼らのなかには、学問に打ち込むことを修道士の「清貧の誓い」のようなものだと考えている者もいる[20]。

正統と異端

歴史家のジョン・バグネル・ベリー〔訳注　「ビュアリ」とする表記も〕は1913年に、中世を

「権威者が真理として押しつける信仰が広く大地を覆い、理性が地上から追い払われた」時代と表現している。[21] 中世の大学は、法学、医学、神学といった先進的な専門学部を一つまたはいくつか設置し、どこもリベラルアーツの科目を教えていたが、そこでは理性と啓示の関係という大きな難題を抱えていた。異端運動が起こったあと、教会当局は、正統な教義を守るための聖職者を育成しようと考え、大学での神学教育に目を光らせた。神学が主流であったパリでは、学者は司教の許可がなければ教壇に立つことができなかった。パリ大学は正統信仰の確固たる守護者となり、1300年代には、社会を堕落させているとされた悪魔の存在を確認するためにコンクラーベ（教皇選挙）を開催した。[22]

その一方で、中世の学者たちは矛盾する命題を定期的に議論し、理性と啓示、アリストテレスの自然哲学とキリスト教の教義を調和させようとした。教会当局は、異端とみなされる思想の弾圧を試み、断罪や時には投獄も行ったが、結果的には成功しなかった。[23] 14世紀のオックスフォード大学ではジョン・ウィクリフが、15世紀初頭のプラハ大学ではヤン・フスが、それぞれ異端の教えを信奉していた。その他の分野でも、「権威者」の過去の言説を習得することに重点を置くのではなく、知識体系を拡大するという考え方が徐々に浸透していった。

何世紀ものあいだに、大学は自由な探究を行い、異なる意見に寛容を示す灯台としての姿を徐々に現してきた。当初、自由化の流れが最も強かったのはオランダで、17世紀のオランダはイギリスよりも大学生の数が多く、外国から多くの留学生を受け入れていた。その他のヨーロッパの国でも、正統な教義から外れた教授が解雇されることは依然としてあったものの、総じて大学は、異なる意見を戦わせ、実験を行い、学問を総合するための主要な拠点となった[24]。また知のフロンティアを開拓する場であるとともに、過去に蓄積された叡智を継承する場でもあった。

いまから半世紀前、ピティリム・ソローキンは、学問の世界にこれまでとは違うものが生まれつつあることに気づいた。「〝未知のものを、それが未知であればあるほどもっと知りたい〟という狂おしいまでの熱意」である[25]。今日の大学教授たちは、学外はおろか学内の多くの者からもあまり興味を惹かれない漠然としたテーマを専門にすることで、探究の場を狭めようと決め込んでいるかのようにみえる。特に社会科学や人文学の分野では、終身在職権を得るのにきわめて重要な学術論文の大半がほとんど引用されていない[26]。学位が個人の将来にとってかつてなく重要性を増してきているにもかかわらず、学術活動は不毛なものとなり、多くの人にとって無用の長物と化している[27]。

抑圧的寛容

かつて自由な思想と探究の擁護者だと思われていた大学は、異端の考えが攻撃される場としての中世モデルに戻りつつある。現代の攻撃は、カトリック教会のような外部の監視組織からではなく、内部から受ける可能性が高い。それでも、正統のイデオロギーを押しつけようとする熱意は、大学が体制の「拠点」として機能したソ連[28]やナチス・ドイツ[29]のような国のパターンを彷彿とさせる。

建築家でジャーナリストのオースティン・ウィリアムズは、大学や下級学校の一般的な使命は「教えること」ではなく、特定の思想・信条を「広めること」にあると指摘する。[30]ドイツの哲学者ヘルベルト・マルクーゼは、異なる意見（自分が同意できない意見）にたいする寛容は、実際には抑圧の一形態であると主張する。アカデミズムの世界は、多様な意見を称賛する代わりに、マルクーゼの言う「抑圧的寛容（repressive tolerance）」の概念を採用しているようである。マルクーゼは、ナチスの弾圧を受けた亡命者でありながら、自由主義社会はナチスやソ連の体制よりも抑圧的であり、支持するに値しないと主張した。「自由」の概念が「支配のための強力な手段」として利用されているというのである[31]〔訳注　マルクーゼによると〈寛容はかつて政治的自由主義の基本的な徳であり、「解放的」な意味をもっていた。しかし今日の管理社会では、「純粋」で「無差別」な寛容はむしろ真の対立をぼかし、反体制運動などを骨抜きにしてこれを体制内に編入し、事実上、体制的な差別と支配の構造を許容し維持する「抑圧的」な力として働いているという〉。出典『社会学小辞典〈新版増補版〉』（有斐閣、2005年）〕。

マルクーゼが生きていれば、今日の大学が中世の神学部やソ連の大学でみられたかもしれない意見の完全な一致をみつつあることを喜んだであろう。カリフォルニア大学ロサンゼルス校（UCLA）高等教育研究所の調査データによると、1990年に「リベラル」または「極左」を自認する教授の割合は全体の42%であったという。2014年になるとその割合は60%にまで跳ね上がった[32]。数年後、一流大学51校を調査したところ、リベラル派と保守派の比率は最低でも8対1、開きのあるところでは70対1であることがわかった。ウェルズリー、スワースモア、ウィリアムズなどリベラルアーツのエリート校では、両者の比率は120対1もの差がある[33]。この偏りは、公共政策や世論に最も影響を与える分野で特に顕著である。ハーバード、イェール、スタンフォード、コロンビア、バークレーなど、国のリーダーを多数輩出している名門ロースクールの教授陣のうち自らを保守派と称しているのは10%にも満たない[34]。

その他の国でもアカデミズムの世界は世間一般よりもかなり左寄りである。イギリスの有権者の約半数が右寄りであるのに対し、大学教員で右寄りの人は12%未満である[35]。ヨーロッパ全域とカナダでも似たような割合である[36]。

こうした政治的偏向は、アカデミズムの世界をほとんどイデオロギーの再教育キャンプのようなものに変えてしまう。たとえば、コロンビア大学をはじめとする有名なジャーナリズムの学校は、報道の基本を教えることから遠ざかり、左派の「社会正義」アジェンダを公然と唱えるようになっている[37]。法学者のキャス・サンスティーンのような一部の進歩主義者たちですら、「特定の政治的考えが正統なものとして浸透している場合、学生は優れた教育を受けにくくなり、教授同士が切磋琢磨することも難しくなる」と認識している[38]。

しかし大学の上級管理職には、イデオロギーの画一化に突き進む流れを食い止める気があまりないようである。それどころか、多くの者がその流れを推し進めている始末である。たとえば、カナダのある大学の学長は、「より質の高い言論」を奨励し、「学生・教職員・スタッフの人間性」を守るためと称して、「言論の自由」を抑える取り組みを正当化している。[39]アメリカでは20校もの大学で、(真の意味で意見の多様性とは言えないような)表面的な「多様性」に関する大学の公式方針を支持する旨の誓約書に署名するよう教授陣に求めている。こうした誓約は、冷戦の暗黒時代によくみられた「忠誠」の誓いと不気味なほど似ている。[40]

かくして大学は、オープンマインドな知識人を養成するのではなく、狂ったように福音を説く説教者まがいの次世代の活動家を育てているように思える。無神論哲学者のジェームズ・A・リンゼイは、大学出たての活動家は「インターセクショナリティ」理論〔訳注　ジェンダー差別、人種差別、階級差別などのさまざまな差別・抑圧構造は互いに交差し、複雑に絡み合うものであるとする理論〕をめぐる問題でとかく「道徳的純潔」を求めがちであると指摘する。「彼らは、異端者や冒瀆者、あるいはその教条的な信念体系から大きく外れて、自分たちにとって脅威となる人物を悪魔呼ばわりする傾向が特に強い。いったん悪魔とみなされた人は、たいてい破門される」[41]。認知行動学の最新研究によると、今日の大学出身者は、さまざまな問題について自分の優れた知性と洞察力を過信してかたくなな態度を崩さず、他者の意見にたいして不寛容になる傾向があるという。たとえば、全米各地の政治的偏見の度合いを地図上に示した『アトランティック』の調査記事によると、ボストンなど大卒者の割合が高い地域は、教育水準が低い地域に比べて、異なる意見にたいする寛容さが低いことがわかった。[42]

「集団健忘症」の時代

大学が蒙昧主義（obscurantism）やイデオロギーの強制的画一化を咎められずに済んでいるのは、労働市場に計り知れない影響力を持っているからである。ジェイン・ジェイコブズが指摘しているように、大学の主たる目的はもはや学問を施すことではなく、高収入の仕事に就くために必要な資格を与えることとなっている。[43]アメリカの大学生を対象として行われた最近の調査では、彼らの3分の1以上が大学4年間で「学力はたいして向上しなかった」と答えている。[44]雇用主の説明によると、最近の大卒者は批判的思考力が不足しているという。[45]

さらに心配なのは、欧米の学生が自国の文化遺産について詳しく知ろうとしていないことである。いまの大学は、過去の叡智（しばしば不都合な教訓を含む）を次世代に伝えるというかつては行っていた役割をもはや果たしていない。私たちは自分たちの文化史の知識から切り離された「集団健忘症（mass amnesia）」に陥るおそれがあるとジェイコブズは書いている。[46]

中世初期、人びとの識字率が低下し、聖職者の第一の関心が神学問題に向けられていたため、古典時代の思想や文章の多くは放置され紛失したが、それでも古典時代からの文書が残されているのは、修道士たちが写本の書き写し作業に献身的に取り組んでくれたおかげである。[47]大半の農民はもとより、多くの貴族も読み書きができず、古典作品はもちろん聖書すらじかに知ることはなかった。現代の若者は、非識字者とまでは言わないが、往々にして過去を知らない。

情報へのアクセスが以前よりも容易になったが、真の意味での知識の獲得に後れを取っているのはなんとも皮肉な話である。本がブログに、エッセイがツイート（改めポスト）に取って代わられようとしている。特に若者のあいだでは、学業や仕事以外での読書量が著しく減少している。2014年に行われた調査では、アメリカの子どものうち「余暇に本を読む」と答えたのは半数を若干上回る程度で、2010年の60％から減少している[48]。これはアメリカだけの傾向ではない。ユニバーシティ・カレッジ・ロンドンが行った調査の結果は衝撃的である。2000年に生まれた1万1000人の子どもを14歳まで追跡したところ、10代になってから余暇に読書をしたことがあると答えたのは、10人に1人しかいなかったという[49]。

残念ながら、大学側が古典文学や歴史に富んだカリキュラムをいくら提供しようと、この後れはなかなか取り戻せるものではない。大学のカリキュラム方針では、ホメロス、孔子、シェイクスピア、ミルトン、トクヴィル、建国の父たちの著作がほとんど無視されている[50]。一部の著作は、昔の白人男性によって書かれたものであり、彼らは奴隷制度、女性の隷従、大量貧困などの恐怖と結びついているとして非難されている。多くのアメリカの大学では、1990年以前に書かれた本には学生は「アクセスできない」と思われている[51]。

ミレニアル世代は大学進学率が高いにもかかわらず、前の世代と比べて憲法や市民権を軽視する傾向がはるかに強いが、これは歴史教育や公民教育が衰退していることも原因かもしれない。またミレニアル世代は、旧世代と比べて言論の自由の制限を受け入れる傾向が強いが、これは大学の政治文化がもたらした当然の結果である。ピュー・リサーチ・センターによると、マイノリティに不快感を与えるとみなされる言論の規制にミレニアル世代の約40％が賛成しており、X世代の27％、ベビーブーム世代の24％を大きく上回り、過去のファシズムや共産主義体制の記憶がある高齢者層で賛成と答えたのはわずか12％であった[52]。

同様に、ヨーロッパのミレニアル世代は、独裁政権下またはその直後の時代を経験した前の世代に比べて、民主主義への信頼や独裁政権への抵抗感がはるかに少ない。ヨーロッパでは、民主主義は破綻していると考える若者が年長者の約3倍もいる[53]。

かつては高等教育の拡大が、すべての人により多くの機会を与えるという自由主義文明の約束を体現するものであったかもしれない。しかし、いまや大学は、自由主義文化の存立基盤についてあまりにも無知な学生に学位を与え社会に送り出すことで、自由主義文化の衰退を加速させていると考えることができる。

第9章 新しい宗教

「宗教は文明を規定する中心的な特徴である」とは、サミュエル・ハンティントンの言葉である。[1] メソポタミア、エジプト、インド、中国といった古代文明の都市の発展にも、宗教の重要性がみて取れる。宗教は人間に災害や死の恐怖に対処するための世界観を提供し、不老不死への希望を与えた。[2] また道徳規範を示し、社会的結束の手段ともなった。現代になって伝統的教会が影響力を失うとともに、同じ目的を持つ新しい宗教が発展する余地が生まれてきた。

現在のカトリック教会は分裂状態にあり、スキャンダルにまみれている。かつて勢いのあった福音主義運動は、先進国で信者数が減少している。世界的な世俗化の流れのなかで例外とみられていたアメリカも、いまや例外とは言えず「教会離れ」が急速に進んでいる。[3] アメリカのミレニアル世代は、30年前の約4倍のペースで宗教組織を離れており、18歳から29歳の若者の約40%が既存の宗教組織に属していない。[4]

この傾向はヨーロッパではさらに顕著で、40歳未満の若者の50％以上がいかなる宗教組織にも属していない。この点で最も影響を受けているのがキリスト教である。イギリスでは、毎週礼拝に参加するムスリム（イスラーム教徒）は、教会に通うキリスト教徒と同じくらい多い。２００１年以降、イギリスでは約５００の教会が閉鎖された。(5)

これは宗教信仰が消滅しつつあることを意味するものではない。多くの人が体系化された信仰は拒否しても、何らかの霊的価値観は持ちつづけている。(6)今日、教会に通う人の数は以前より減ってきてはいるが、ピュー・リサーチ・センターが行った世論調査では、教団に所属していないアメリカ人の3分の2が、神や普遍的な霊の存在を依然として信じているようである。(7)こうした人びとも、自分の希望や意味の探求の拠り所となる新しい精神的基盤を求めているのかもしれない。

ソーシャル・ジャスティス教

古くからある既成宗教の伝統のなかに新しい宗教の流れができつつある。カトリック、ユダヤ教改革派、主流プロテスタント諸派では、正統的な信仰を補完し、もしくはそれに取って代わるソーシャル・ジャスティス（社会正義）活動の福音とも言うべきものが生まれつつある。(8)この傾向は、大学や神学校の性格の変化（教授陣の著しい左傾化）を反映している。名門リベラルアーツ・カレッジの宗教学部では、リベラル派が保守派を70対１の割合で圧倒している。[9]

今日の進歩的な教会には内側から宗教を変えようとする「覚醒した《ウォーク》」信者たちがいる一方、進歩主義路線に最も肩入れしている教会は最も深刻な衰退状況にある。主流プロテスタント諸派は、過去10年間で５００万人の信者を失っている。[10] 改革派で政治的には進歩派のフランシスコ教皇の下にあるカトリック教会は、教皇の発言が広く称賛されている北米やヨーロッパのみならず、教皇の故郷であるラテンアメリカでも信者を失いつつある。現在、ニカラグア人の約４人に１人、ブラジル人の約５人に１人、ベネズエラ人の約７人に１人が元カトリック信者である。[11] 一方、一部の福音派教会、ユダヤ教正統派、イスラーム原理主義など、より保守的な信仰は、特に途上国における出生率の上昇もあって、依然として活発である。[12]

一部の教派に活気があるとはいえ、欧米の伝統的な主流宗教は、数十年以内に文化的存在意義を失う可能性が十分にある。たとえば、ピュー・リサーチ・センターによると、２０５０年までにイギリス全土とその他いくつかのヨーロッパの国で、キリスト教は少数派の宗教となることが予想されるという。[13]

グリーン教

伝統宗教が衰退しつつあるなか、環境保護主義は新しい時代の宗教のようなものになりつつある。キリスト教は、神に喜ばれる生き方や身の処し方の指針を示したが、環境保護運動は、人びとをより自然と調和した生活に導こうとするものである。『どのアメリカが怒っているのか――九つに分断された超大国』（1990年、原書は1981年）などの著作があるジャーナリストのジョエル・ガローによると、環境保護主義は「都会の無神論者が選ぶ宗教」になっているという。[14]

中世のカトリック信仰のように、グリーン教は人間の活動に起因する破滅の到来を予見している。[15] バーバラ・タックマンは、中世の人びとにとって「黙示録は身近なものであった」と書いている。人間の罪がもたらす最後の審判は、現実味があるだけでなく、切迫感も感じられる。12世紀の聖ノルベルトは、最後の審判の日は自分たちが生きているうちにやってくると預言した。[16] 同じように環境保護運動も、それが宗教的なものか、科学的なものか、左翼的なものかを問わず、人間の物質主義から破局の到来へと直線コースをたどるのがお決まりである。[17]

ポール・エーリックは、1968年に出版された『人口爆弾』のまえがきで、出生率を大幅に下げなければ、人類は「野放図な増殖によって、自らの破滅を招くことになろう」と述べている。1972年に発表され広く称賛されたローマ・クラブの「人類の危機」レポート『成長の限界』は、出生率の低下、経済成長の鈍化、物質消費の減少、社会的流動性の低下などの変化がみられないかぎり、天然資源が大幅に不足すると予測した。[18] しばしばこの預言は、メディアやアカデミズム、政界で無批判に受け入れられている。[19] しかし、このような黙示録的預言は、中世のそれと同様、あとから振り返ると誇張や明らかな誤謬が含まれている。[20] たとえば1970年代の環境保護論で言われていたこととは異なり、エネルギーや食糧を含む天然資源は枯渇しておらず、むしろ入手しやすくなった(21)。

だからといって、現実の環境危機に立ち向かう必要はないと言いたいのではない。それはちょうど、キリスト教による人間の罪や利己心への批判が、私たちの生活とは無関係だと考えてよいわけではないのと同様である。しかし、いまも昔と変わらず、貧しさを甘んじて受け入れるよう他人を諭したり、貧しさを美徳として称賛したりする人びとのなかには偽善的な連中もいる。中世において、大半の教区司祭とカトリック信者は厳しい窮乏状態にあったが、多くの司教は、ペトラルカが言うように「黄金を積み、紫衣をまとって」贅沢に暮らしていた(22)。同じように、環境保護主義者は、一般市民に質素倹約を押しつけながら、環境保護運動を支持する超富裕層の身勝手な行為に贖宥状を与えている(23)。「グリーン・リッチ〔環境成金〕」と呼ばれる連中は他人には消費を控えるよう呼びかけながら、自分たちは炭素クレジットを購入したり〔道徳的正しさをアピールする〕美徳シグナリングを示したりといったかたちで現代版の贖宥状を買っている(24)。これによって、優雅に地球を救えるというわけである。2019年1月、地球環境危機について話し合う会議に参加する人びとを乗せたおよそ1500機のプライベートジェットが温室効果ガスをまき散らしながらダボスに到着した。著名な気候活動家たちのなかで、豪邸やヨット、山ほどある自家用車を手放すそぶりを見せる者などほとんどいない(25)。

最も厄介なのは、環境保護運動の参加者の一部に、かなり独断的な主張を行い、異論を唱える人びとをしばしば誹謗し、しつこく嫌がらせをするような者がいることであろう。11世紀のカトリック教会で神の存在を問う開かれた議論が行われる光景を想像することが難しいように、今日、環境問題や地球を守るための最善策について開かれた議論が行われることはまずまれである。

ロジャー・ピールケ・ジュニアやジュディス・カリー、グリーンピースの創設者の一人であるパトリック・ムーア、国連気候変動政府間パネル（IPCC）の元メンバーなど、一部のベテラン気候科学者は、気候変動問題にたいする過度に「一枚岩的な」（とカリーが批判する）〔環境保護主義者の〕アプローチから逸脱したことをもって悪魔扱いされ、主流から外された。[26] 気候活動家のなかには、自分と対立する側の考えを法的手段によって禁止しようと法廷に持ち込む構えを示す者もいるようである。刑事訴追のターゲットには、エネルギー企業だけでなく、シンクタンクや異論を唱える科学者も含まれている。[27]

こうしたやり方は、中世の異端審問を彷彿とさせるものがある。[28] オバマ政権でエネルギー省の科学次官を務めたスティーブン・クーニンは、これを「自由な探究と開かれた議論が必要とされる複雑な科学的問題に取り組むには非常にまずいやり方だ」と指摘する。[29]

トランスヒューマニズム――新しい支配階級の宗教

寡頭支配層の新しい宗教になりそうなもう一つの候補が「トランスヒューマニズム（超人間主

義)」である。これは、テクノロジーによって永遠の命を追求するものである。ジャロン・ラニアーは「ネット上の独占企業が力を持つようになったのと同じ頃、不老不死をめざす新しいタイプの宗教が生まれた」と書いている。[30] 新たに生まれた宗教のなかでも最も過激で広範囲に影響を及ぼす可能性のあるトランスヒューマニズムは、不老不死という人類念願の宗教目標を達成するための独特な世俗的アプローチである。[31] この新しいテック宗教では、死すべき運命は、道徳的行為によって克服されるべきものではなく、技術によって修正されるべき〝バグ〟とみなされる。[32]

トランスヒューマニズムは、少しばかり奇妙なカルト宗教のように思われるが、シリコンバレーのエリートたちを長年魅了してきた。その信奉者は、グーグルのセルゲイ・ブリン、ラリー・ペイジ、レイ・カーツワイルから、Yコンビネーターのピーター・ティール、サム・アルトマンまで幅広い。カーツワイルは、脳の活動を細かいところまで監視できる新技術を称賛している。[33] Yコンビネーターは、人間の脳をアップロードしてデジタル保存する技術を開発中である。[34] その目標は「人工知能技術の開発と推進により神の頭脳を実現すること」にある。[35]

トランスヒューマニズムは、テクノロジーをあらゆる価値観の上に置く人びとにとっては、ある意味、当然のもののように思える。トランスヒューマニズムは、教会に属するという身体的・感情的なリアリティを不要にする。マインツにあるグーテンベルク研究大学のトーマス・メッツィンガー教授によると、トランスヒューマニズムは「新しいテクノロジーのためのマーケティング機会」を提供するという。トランスヒューマニストの顧客層向けに不老不死アプリを販売することができる。[36]

この新しい宗教の誕生は、伝統宗教からの大いなる決別を意味する。キリスト教、ユダヤ教、イスラームは、人間（少なくとも信者のあいだ）の本質的な平等を強調し、恵まれない人への慈善活動やその他の善行を命じた。やがてこの教えは、特に欧米で民主主義や平等主義の考え方につながっていくこととなる。[37] しかし、トランスヒューマニストが関心を向けるのは平等ではない。ユヴァル・ノア・ハラリはむしろ「アップグレードされた人間の、少数の特権エリート階級」が社会を支配し、遺伝子工学を利用して自分たちの子孫の優越的地位を確固たるものにする未来に目を向けている。この特権エリート階級の目的は、神の掟に従うことではなく、一定の方向性を持つ加速度的な進化によって、自分たちが神々となることなのであろう。

生物工学は、自然淘汰が魔法のような手際を発揮するのを辛抱強く待っていたりはしない。そうする代わりに、生物工学者は古いサピエンスの体に手を加え、意図的に遺伝子コードを書き換え、脳の回路を配線し直し、生化学的バランスを変え、完全に新しい手足を生えさせることすらあるだろう。彼らはそれによって、新しい神々を生み出す。そのような神々は、私たちがホモ・エレクトスと違うのと同じぐらい、私たちサピエンスとは違っているかもしれない。[38]

テックエリートによる不老不死の追求が、自然の限界内で暮らす人びとに悪影響を及ぼしている問題に対処するものでないことは明らかである。災害時に支援を必要とする人は、データサイエンティストよりも教会の会員に助けを求めるであろう。宗教組織は、貧窮者に特に配慮しつつ、社会の改良を力強く行うためにその力をいかんなく発揮する。世俗的な社会正義の戦士は、自分たちの目的に情熱的に取り組んでいるのかもしれない。しかし、危機に際してより敏速かつ効果的に救助に向かえるのは、多くの場合、バプテストや末日聖徒イエス・キリスト教会のような宗教組織である。(39)

古くから宗教施設は、生い立ちや経済的地位の異なる人びとを結びつけ、彼らのあいだに社会的紐帯《ちゅうたい》を築き、伝統や文化的アイデンティティを統合して伝える役割を担ってきた。対照的に、新しい宗教は、政治的・認知的な境界線で人びとを分断してしまうおそれが強いように思われる。地域社会に物理的基盤を持たない新しい宗教は、多様な人びととの交わりを盛んにすることはなく、自分が大多数の人間よりも道徳的・知的に優れていると考える人を自ずと選別する傾向がある。彼らは延命方法について指導してくれるかもしれないが、道徳についてはほとんど何も教えてくれない。伝統宗教のない世界でも、霊的意識を持つ人びとはいるかもしれない。しかしそこでは、何千年ものあいだ共同体を支配し、供犠を実践し、信仰を広めてきた制度の恩恵に与ることはできないであろう。

第Ⅳ部
苦境に立つヨーマン

ブルジョアなくして、民主主義なし
バリントン・ムーア『独裁と民主政治の社会的起源』

第10章　社会的流動性の盛衰

オランダは温暖な気候の地中海沿岸から遠く離れ、北欧に近い寒くて海抜の低い土地にある。この地に古くから住んでいたバタヴィ族は、ローマの補助軍として仕えていたが、貢納を行うことはほとんどなかった。交易品には恵まれなかったバタヴィ族だが、独立心だけは失わなかった。1世紀にはローマ帝国の徴税に抵抗し、最終的に敗れはしたものの、その獰猛さには羨望のまなざしが向けられた。[1] 湿潤な土地の恩恵を受けて育ったこの得体の知れぬ民族は、やがて世界のパワーバランスの変化（地中海沿岸地域、中国、イスラーム帝国から北海沿いの一握りの諸小国へのパワーの転換）をもたらす役割を果たすこととなる。

ヨーロッパ大陸の片隅にあって天然資源に乏しい低地諸国は、13世紀には沼地の排水や堤防の建設によって領土を拡大しはじめた。農業手法の改善により農村の商業化が緒に就き、より大規模な経済のテイクオフがはじまった。経済史家のヤン・ド・フリースは「オランダでは資本主義は土から生まれた」と述べている。(2) 当時のオランダは、ヨーロッパのなかでも特に都市化が進み、多くの職人や裕福な商人が住み着いていた。16世紀、北部地方はカトリックを否定し、その教養が商業と相性のよいカルヴァン主義を支持した。

17世紀、スペイン・ハプスブルク家の支配をはねのけたネーデルラント連邦は、他のヨーロッパ諸国を圧倒する艦隊を擁して世界最強の海洋帝国を築いた。アムステルダムの港には８０００隻もの船が停泊し、食料品や麻、ホップ、染料植物などの豊かな交易でにぎわった。機を見るに敏なオランダ人は、競争相手に数十年も先んじて技術革新を進めたこともあり、商業活動を活発化させた。(3)

しかしオランダ最大の功績は、封建的なスペインの専制君主を追い払うことによってブルジョアジーの自立を促し、貴族や聖職者の支配を受けない共和国を創建したことであろう。(4) オランダは宗教的マイノリティや女性などの人権を拡大し、子どもや核家族などへの高い関心も育てた。オランダの文化は家族中心で、創意工夫、質素倹約、寛容を特徴とした。(5) 科学や哲学を宗教から切り離すという考え方は、バールーフ・デ・スピノザらの著作に表れている。カルヴァン派が多数を占めるこの国には、カトリック教徒、ユダヤ教徒、ムスリムなどのよそ者が暮らす大きなコロニーがあり、１６５０年のアムステルダムの人口のおよそ3分の1は外国生まれであった。商人や職人として入ってきた移民もいたが、あるオランダ人が１６９２年に語ったように、どんなに貧しい者でも「オランダで働こうとする者は飢え死にするわけがない(6)」。

ネーデルラント連邦共和国は18世紀になってもまだ貧困国とみなされており、イギリスからは「この消化不良の海の嘔吐物」〔訳注　17世紀イングランドの詩人アンドルー・マーヴェルの言葉〕と呼ばれていた。(7) しかし、ヨーロッパにおいて土地の大半が貴族と教会に所有されていた時代に、土地の干拓によって多くの小地主層が育った。歴史家のサイモン・シャーマは、成長する土地所有者層がオランダのダイナミズムの中心となり、「共和主義的自由の地理的基盤」を築いたと指摘する。(8)

ヨーマンの台頭

ネーデルラント連邦共和国は、経済的・社会的流動性が早くから力強く拡大し、中世世界の典型であったより静態的で階層的な秩序を揺るがした。同様の現象が西ヨーロッパを経て、さらにその先にも広がっていった。

非奴隷・非エリートの中流階級は、重税や選択機会の制限に長いあいだ苦しめられていた。農民の大半は自分の農地にとどまることができなくなり、有力な地主の保護を受けて生活することを余儀なくされた。彼らは農奴に身を堕とし特定の領地に縛られて働き、法的には「自由を奪われた」存在となった。大衆にとってこうした現実は、中世に定着した。(9)

階層化された農耕秩序の基盤は、一連の歴史的変化によって崩れ去った。具体的には、気候の温暖化、外敵からの侵略の脅威の減少、農作業の効率化、人口の回復、地中海やバルト海を中心とした商業や都市文化の復興などである。[10] 13世紀には、西ヨーロッパのほとんどの地域で農奴制が衰退しつつあった。解放された農奴のなかには、封建制のもとで与えられていた基本的保護がなくなって苦しむ者もいれば、自分の農地のために土地を手に入れたり、活気を取り戻した都市で新たに事業を起こしたりする者もいた。[11]

軍事技術の進歩は、平民の地位向上にもつながった。大半の者は中世の戦士貴族が使う鎧を買ったり、馬を飼ったりできるほどの余裕はなかったが、小地主や職人たちは、最初のうちは長弓を、そのうち槍やマスケット銃などの新しい武器を使いこなせるようになり、王や王子の歩兵として活躍した。一般兵が馬にまたがる重装甲の騎士を倒せるようになったことは、封建貴族による軍事的支配の凋落を意味した。[12] イングランド内戦で新しい軍隊のあり方を示したクロムウェルのニューモデル軍のように、組織化された市民軍は戦争においてその重要性が高まっていく。[13]やがてフランス革命軍は、封建制の歴史的中心地を根城とする貴族階級に戦いを挑む。1792年、愛国心溢れるフランスの義勇兵たちが旧国王軍の兵士と協力し、ヴァルミーの戦いで勇猛果敢なプロイセン軍を打ち破ったのをみたゲーテは、「ここから、そしてこの日から、世界史の新しい時代が始まる」と述べた。[14]

一方、経済が成長すると、封建時代にはめったに考えられなかったような、庶民でも手の届く暮らしへの期待感が高まった。[15] 数百年、あるいは数千年ものあいだ、その間に農業の進歩や商業の発展はあったものの、平均所得はほぼ横ばいで、物質的条件もほとんど変化がみられなかった。持続的な経済成長が可能だと感じられるようになるのは、ようやく17世紀になってからである。最初はイギリスとオランダから平均所得の飛躍的上昇が始まる。[16]

産業革命が急速に進んでいた頃、台頭するブルジョアジーはみせかけの宗教性や騎士道精神を「公然たる恥知らずで直接的で剝き出しの搾取」に置き換えることによって「人間の活動がどれほどのことをなしうるのかを初めて示した」と喝破したのがカール・マルクスである。[17] 彼はこの地平に新たな対立が生じているのをみて取った。増加する都市のプロレタリアートが劣悪な労働条件と暗澹たる展望のもとで呻吟《しんぎん》していたなかで、マルクスの分析は多くの真実を含むものであった。しかし、資本主義が寡頭制化していくという彼の予言は言い過ぎであった。

資本主義はマルクスが予測したようなディストピアを生み出すことはなかったが、代わりに労働者階級の多くの者を高揚させ、「分厚い（solid）中流階級」（1812年にイギリスで初めて使われた呼称）を生み出した。[18] イギリス、オランダ、アメリカを対象にした調査によると、三カ国とも1820年代から1970年代にかけて富の集中が急速に弱まった。[19] かつてこれほどの繁栄と相対的な経済的安定がここまで広く享受されたことはなかった。[20] 繁栄の拡大とともに、政治的発言力も強まってきた。

社会的流動性の終焉

自由主義的資本主義の偉大な成果としての、このめざましい社会的地位の向上は、いまや明らかに脅かされており、それとともに民主主義の長期的な未来も危ういものとなっている。この40年間で、富裕階級と中流階級のあいだの貧富の格差は産業革命黎明期以来のレベルにまで拡大した。[21]多くの国において、人口の上位1％と残る99％のあいだの所得格差は史上最高水準に達している。[22]

歴史的に中流階級の憧れの地であったアメリカでは、1980年代前半から今日までに中位所得者が所得階層の上位に昇る割合が約20％低下した。[23]しかしながら、社会的流動性の低下は世界的な現象である。サハラ以南のアフリカ、ロシア、ラテンアメリカやインドでも起こっている。[24]

社会福祉制度が充実していることで知られるヨーロッパ諸国も同じ傾向を示している。スウェーデンを含む欧州連合（EU）加盟国の3分の2以上で社会的流動性が低下している。[25]ドイツはEU加盟国のなかでも貧富の格差がかなり大きく、他の多くの西ヨーロッパ諸国と比べても富裕層の資産保有比率が高い。ドイツの成人の下位40％はほとんど資産を持たず、持ち家率はせいぜい45％である。[26]

この傾向は、英語圏ではさらに顕著である。イギリスでは、中間賃金職の減少によって低賃金層の賃金は低下し、若年層の失業も増加した。広い意味での社会的流動性が失速しているのである。[27]かつて強い影響力を持っていた英労働組合会議の事務局長フランシス・オグレディは「私たちはいくつもの新たな問題に直面している」とし、「周りを見渡すと、大学を出たもののやっつけ仕事をしている人もいれば、企業年金もなく、老後の生活資金を賄うための売却する家すらないような若者たちもいる」と述べている。[28]

アメリカでは20世紀前半に貧富の格差は大幅に縮小したが、1970年代以降急激に拡大した。2015年には中所得世帯と高所得世帯のあいだの貧富の格差がかつてなく広がった。[29]米国勢調査局のデータによると、国民所得に占める中間層（所得分布で中間の60％に位置する）の世帯所得は過去最低にまで落ち込んでいる。[30]ここ数十年間の富の増加は、圧倒的に上位1％の世帯、とりわけ上位0・5％の世帯にもたらされた。[31]

不動産を所有する中流階級はけっして一枚岩ではなく、今日、持ち家の資産価値の上昇から恩恵を受けている者も一部にいる。上層中流階級のなかで専門技術職や管理職に就いているエリート、特に年配の世代は暮らし向きが良い。[32]全体的にみて、グレート・リセッション後に主に保有資産によって潤い、最大の利益を得たのは、メインストリートビジネス（中小零細事業者）や一般の持ち家所有者ではなく、不動産や株式の大量保有者であった。[33]2018年に保守系エコノミストのジョン・マイケルソンが端的に指摘したように、「行き過ぎた企業の整理統合、中流階級から上位1％への大規模な富の移転が、ここ10年の経済的遺産」である。[34]アメリカでは約135

万人の富裕層（上位1％）が豊かな生活を送っているが、資産の増加は特に上位0・1％の約15万人に集中している。[35] 国民資産のうち上位10％以下の人びとが保有する割合は1980年代半ば以降12ポイント減少したが、これは上位0・1％の人びとの資産の増加率と同じである。[36]

つい最近まで中流階級の層の厚さと豊かさが世界で最も拡大していた東アジアでも同じような傾向がみられる。平等主義国家として知られる日本は、1990年以降、平均生活水準が低下しただけでなく、富裕層とその他大勢のあいだの格差が大幅に拡大している。[37] 中国は平等主義的社会主義が支配的なイデオロギーかもしれないが、いまや大半の欧米諸国よりも不平等な国となっている。中国のジニ係数は1978年にはきわめて平等主義的であったが、現在はメキシコ、ブラジル、ケニア、さらにはアメリカやほぼすべてのヨーロッパ諸国よりも階層化が進んでいる。[38] 中国の新興中流階級は多少成長したが、大きな利益を得たのは人口の上位1％、さらにそのごく一部である。超富裕層の所得は全国平均の2倍以上に増えた。[39] 中流階級の中国人は、いまや不動産の購入も出世も難しくなっている。[40]

民主主義の発展を阻害する

古代アテネやローマの初期の民主主義は、強い発言力を持ち財産を所有する中流階級に支えられていた。アリストテレスは、経済と国家をともに支配する寡頭制の危険に警鐘を鳴らした。実際、富の集約が進むにつれ、古代ギリシアの民主制や市民主体の共和制ローマは弱体化した。共和制末期になると、全財産の75％以上を人口の約３％が所有し、５分の４以上の人びとは財産を所有していなかった。[41]

中世を特徴づける政治経済構造の淵源は帝政ローマにあり、小農や職人は、帝国の領土拡大とともにはるか遠方から連れて来られた奴隷にその地位を奪われようとしていた。職業や社会的地位は、世襲で決まるようになった。ギボンが「共同体のなかで最も尊敬すべき部分」と呼んだ中流階級の市民は借金を抱えていた。自給自足もままならず、まっとうな仕事にも就けない市民の多くは、国家が主催する「パンとサーカス」を与えられて生活していた。ローマ帝国末期には、30万人のローマ市民がパンの配給券を手にしていた。[42] レス・プブリカ（共和制）の屋台骨を支える人びとは、プロレタリアの暴徒も同然と化していた。

封建時代には、大半の人びとが自分の所有でない農地で働き、読み書きのできない人がほとんどであった。大衆にとって自治という考え方は不合理で、冒瀆的にすら思われ、ほとんど顧みられることもなかった。[43] 民主主義の復活は、主に財産を所有する中流階級が存在するかどうか、中世の社会で広く卑しいものと蔑まれた商業活動が尊重されるかどうかにかかっていた。最初にイタリアと低地諸国で商業経済が発展したことで、西ヨーロッパでは強い発言力を持つ中流階級が育つこととなる。しかし、裕福で強大になった国ならば、どこでも同じことが起こったというわけではない。

中国の文化は長きにわたり高級官僚《マンダリン》の価値観によって規定されてきたが、高級官僚は一般に商人階級を軽蔑していた。11世紀、中国の高級官僚であった夏竦《シャーソン》は、商人は強欲に溺れ、贅沢を好むものと表現し、農民が地道な農作業から離れ、「商売による怠惰な生活」を求めていることに不満を述べた。このような偏見は、起業家への重税や規制によってさらに強まり、塩、鉄、酒などの主要産品にたいする独占権を確立した。[44] 近代に入っても起業家の社会的地位は低いままで、中国が産業革命に向けて歩を進めるのを明らかに阻害していた。[45] 中国の起業家精神は、帝国の周辺部（つまり帝国の領域外）の、多くはヨーロッパ勢力に支配された場所で開花した。[46]

中国社会を支配していたのは高級官僚階級と大地主一族であったが、一族の忠誠心と義務感が強かったせいで、個人の権利意識が育つ余地はほとんどなかった。少なくとも日本がアメリカの占領下に置かれ、中国やベトナムなどで共産主義革命が起こるまでは、アジア全域で貴族制が維持された。[47] 貴族と聖職者がエスタブリッシュメントとして社会生活を強く支配していたのである。中国では、革新的な商人や職人でも、敢えて階級制度に盾突こうとはせず、高級官僚の価値観を受け入れていた。[48]

階級のヒエラルヒーは、厳格に区分された閉鎖的なカーストを持つインドのほうがどちらかと言えば抑圧的であった。ヴァイシャは、司祭階級（バラモン）や武士階級（クシャトリヤ）よりも劣ると考えられた非奴隷の平民階級で、帝国から財産を没収される対象であり、事業に投資しようとか事業を拡大しようといった意欲を削がれた。20世紀にインド憲法を起草した一人であり、最下層のカーストである「ダリット」の出身であったビームラーオ・アンベードカルは、イギリスの植民地主義者によるものよりも、バラモンによる企業弾圧のほうが恐ろしいと述べている[49]。

ヨーロッパやその植民地の一部でも封建意識が根強かったため、中流階級の台頭や民主主義の発展が遅れた。スペインは世界を広く征服したが、それにもかかわらず17世紀の経済学者マルティン・ゴンザレス・デ・セロリゴが描いたように、社会を「安楽に過ごす金持ちと、物乞いをする貧乏人」とに引き裂き、「(土地が)豊かであろうと貧しかろうと、自然の法則で定められた適切な仕事に励むことを妨げられない中間的な人びと」を欠いたシステムのもとで経済的にも社会的にも停滞に陥った[50]。

中南米の政治家の伝記作家であるロバート・D・クラスウェラーによると、新世界では「古いカスティーリャの習慣と価値観」がスペインの植民地に移植されたという[51]。たとえば、メキシコやアルゼンチンでは、社会はカトリック教会に支配され、裕福な有閑階級は膨大な数の奴隷や半奴隷の労働に支えられていた[52]。こうした経済・社会秩序の遺産は、民主主義制度の発展を長期的に阻害した。今日でも、ラテンアメリカの土地所有権は一部の者に集中しており、これが中流階級を脆弱にし、権威主義政治を蔓延させる一因となっている[53]。

「ブルジョアなくして、民主主義なし」

西ヨーロッパの大半の地域では、貴族や教会が土地所有権を支配するという考え方が、より「個人主義的」な財産権の概念に取って代わられた。[54] 独立小作農の分厚い層が形成され、基礎的な憲法秩序や自治を要求しはじめた。[55] 職人や商人たちは、ギルドにおいて早くから自治を実践していた。民主主義に向けた改革を推進したのは新興中流階級で、彼らは貴族階級や聖職者にすら躊躇なく異議を申し立てた。急進的な社会理論家であるバリントン・ムーアが半世紀前に言い放ったように、「ブルジョアなくして、民主主義なし」ということである。[56]

確かに、欧米がより民主的な統治をめざすようになったからといって、最初からすべての人に平等な権利が与えられたわけではなかった。オランダやイギリスなどヨーロッパ諸国の植民地に繁栄がもたらされた裏には先住民の犠牲もあった。ベルギーによるコンゴ支配は特に悪辣なもので、先住民を強制的に働かせ、ごく少数のヨーロッパ人の縁故資本家と政府行政官のために彼らを利用した。[57] アメリカの成功は、先住民文化の破壊と奴隷制という忌まわしい慣行の復活によって達成されたのである。しかし、こうした民主主義国家の残忍さは、けっして特殊なものではなかった。西欧諸国と同様に植民地の拡大をめざしたその他の勢力、たとえばロシア、清国、日本なども、そのやり方は概して紳士的とは言いがたいものであった。[58]

さらに、かつて西欧諸国が植民地にした地域は、総じて自由主義的資本主義の遺産から恩恵を受けている。たとえば、香港やインド、さらに韓国や台湾のようにアメリカの影響を受けて発展した地域では、より強い圧力を受けながらも、民主的で自由主義的な精神が息づいている。民主主義的資本主義は、広く世界に共有される繁栄をもたらしたのである。

しかしながら今後、アメリカをはじめとする多くの高所得国における次世代の若者たちは、土地を所有することも、中流階級並みの快適な生活を送ることも難しくなりそうである。来たるべき時代は、進歩的で、社会意識に目覚め、平等主義的な時代ではなく、その経済・社会構造においてより封建主義的な時代となるのかもしれない。

第11章 ロスト・ジェネレーション？

「若者は堕落しない。堕落するとすれば、大人がすでに堕落しきってしまったときである」とは、18世紀の思想家モンテスキューの言葉である。[1] 私たちの子どもたちは、年長者が自分たちに残してくれる未来はいまよりももっと貧しくなると知れば、この言葉を痛切に感じられるようになるのかもしれない。今日、アメリカの成人の4分の3は、わが子が自分たちよりも豊かな生活を送ることができるという確信が持てないようである。[2] ピュー・リサーチ・センターが２０１７年に行った世論調査によると、親はわが子が自分たちよりも経済的に良くなると考えるよりも、悪くなると考える傾向が強いようである。[3]

向上心を源として発展してきた国であるアメリカでは、次世代の若者たちが将来への展望を見通せない厳しい状況にあることが痛々しいほど明らかである。機会均等プロジェクト（Equality of Opportunity Project）の研究者によると、１９４０年に生まれた人の約90％が成人後に自分の親よりも高い所得を得るようになったという。しかし、1980年代生まれの場合、その割合は50％にとどまる。[4] OECDによると、ベビーブーム世代〔訳注 1946～1964年生まれ〕は中流階級が台頭する時代と重なるが、ミレニアル世代〔訳注 1981～1996年生まれ〕は、世界のほぼすべての国で中流階級が困窮する環境を引き継いだ世代だという。[5] セントルイス連邦準備銀行が2018年に発表した調査報告書によると、ミレニアル世代は、資産の蓄積もままならず「途方に暮れる世代《ロスト・ジェネレーション》」となるおそれがあるという。[6]

世代交代が進めば、経済・政治・社会の秩序に大きな影響が出てくるかもしれない。現在の若者たちは親の世代に比べて、実質的な資産や財産を持たないまま将来を迎える可能性が高い。デロイト社の調査予測によると、アメリカのミレニアル世代は、成人世代としては群を抜いて最大となる2030年には、全米の富のわずか16％を占めるにすぎないが、すぐ上のX世代〔訳注 1965～1980年生まれ〕は31％、その時点で80代と90代を迎えるベビーブーム世代は依然として45％も占めることになるという。[7] 学生支援団体ヤング・インヴィンシブルズが2017年に連邦準備制度理事会の最新データを分析した結果を発表している。それによると、現在大卒資格を持つ若いアメリカ人の平均収入は、大卒資格を持たないベビーブーム世代が彼らと同年齢だったときの収入とほぼ同じ額であることがわかっている。エリートの学位は社会の上層への扉を開くが、すべての大卒者に同じことが当てはまるとは言いがたい。最近の大卒者の40％以上が一般的に大卒資格の不要な職業に就いている。[8]

現在、個人の経済的見通しはその人が誕生した年によって大いに左右され、一般的に若い世代のほうが上の世代よりも暮らし向きが悪くなる(9)。アメリカにおいて最近の大卒者が国内で最も高い不安を感じていることも、ミレニアル世代に続くZ世代〔訳注　1997～2012年生まれ〕のアメリカ人が社会主義的な考え方を最も受け入れやすいことも驚くにはあたらない(10)。

同じようなパターンは、ほぼすべての先進国でみられる。ピュー・リサーチ・センターが2017年に行った世論調査によると、アメリカの回答者よりもフランス、イギリス、スペイン、イタリア、ドイツの回答者のほうが、次世代の将来についてより悲観的なことがわかった(11)。インド、南アフリカ、ナイジェリアなどの有力な途上国でも、次世代にたいする悲観論が広がっている(12)。しかし最も悲観的な国の一つが日本で、調査に回答した日本人の4分の3が、次世代はもっと状況が悪くなると考えている(13)。

持ち家率の低下

アメリカの持ち家率は20世紀半ばに急激に上昇し、1940年に44%であった持ち家率は30年後には63%になった(14)。現在はこの傾向が逆転している。米国勢調査局のデータによると、25～34歳の若年層の持ち家率は、X世代では45・4%であったが、ミレニアル世代になると37%にまで低下している(15)。

同様の傾向は、他の高所得国でもみられる。歴史的に持ち家率が高いオーストラリアでは、25〜34歳の持ち家率は１９８１年には60％以上であったが、２０１６年には45％にまで低下している。持ち家住宅の割合は、この25年間で10％も低下した。[16] アイルランドでは、「レンターシップ（rentership）」が長期的な傾向となっている[17]〔訳注　賃貸物件の一部が借り主の持ち分として所有権に振り替わっていく仕組み。家を購入できるだけの経済力のない人でも家の所有者となることができる。米企業Ｒｈｏｖｅがつくり出した概念で、「レント（rent）」と「オーナーシップ（ownership）」を組み合わせた造語〕。

イギリスでは、ミレニアル世代で住宅を所有しているのはわずか3分の1にとどまるが、同じ年齢で比較すると、ベビーブーム世代は約3分の2が住宅を所有していた。１９６０年代の時点で、第二次世界大戦前に生まれた人びとの収入に占める住宅費の割合は8％であったが、ミレニアル世代はいまや収入の約25％も住宅に費やしている。現在イギリスのミレニアル世代は、住宅購入費を貯めるのに平均19年かかると言われているが、１９８０年代にはわずか3年で準備ができた。一部の予測によると、ミレニアル世代の3分の1は、ベビーブーム世代と比べて、スペースが狭く、居住条件も悪く、しばしば通勤時間が長くかかり、しかもセキュリティの低い賃貸住宅に一生涯住むことになる。[18] ２０１８年に発表されたあるレポートによると、イギリスのミレニアル世代は、Ｘ世代以前の世代と比べて2倍もの人が賃貸住宅に住んでいるという。[19]

この傾向は、過去30年間で持ち家率が勢いよく伸びた中国にも波及しそうである。不動産価格の高騰に伴い、労働者階級や中流階級の子どもたちの多くは、今後持ち家を所有することができなくなるであろう。北京や上海などの大都市では、賃貸アパートの割合が増加している[20]。中国の若者の多くは、自分の住宅を所有するのではなく、地主階級に家賃を支払うことが運命づけられているのかもしれない[21]。

新しい不動産封建制

識者のなかには、持ち家率の低下について、若年層の嗜好が変化していることの表れだと捉える向きもある。都市計画家、社会評論家、リベラル派知識人など正統派の有識者たちがそうした見方を繰り返し主張している。また、人びとが自分の本物の庭や裏庭を持つ喜びを知らずに、ビデオゲームで遊んだり、観葉植物を育てたりしながら、生涯借家人でありつづける「レンターシップ」社会の実現をめざす投資家たちもこれに呼応している[22]。そうした計画は、地主階級に安定した利益を保証することはできても、一般庶民から自分の家を持つ夢を奪ってしまう[23]。実際、先進国の若者の多くは、上の世代と同じように自分も戸建て住宅を建てたいと建築士に伝えているという[24]。

そこで問題となるのが政策である。カリフォルニア、イギリス、カナダ、オーストラリアなどで実施されている土地利用の規制によって、多くの人が手を出せないほど不動産価格は高騰している。戸建て住宅の建設をほぼ不可能にするような露骨な動きをみせる地域もある。住宅価格が最高水準にある世界のほぼすべての地域において、都市インナーリング〔訳注　都市の内側にあって、都心中心部を取り巻く低所得者層の居住地域〕の開発を奨励し、よりコストの低い都市周辺部での建設を抑制あるいは禁止するような規制が設けられている。(25) オーストラリアでは、そうした規制により、住宅価格が10万ドル以上も跳ね上がった。(26)

都市周辺部などでの開発を制限する政策が、開発可能な土地の不足を理由に正当化されることがある。しかし比較的人口密度の高いイギリスですら、市街地化されているのは国土の6％にすぎず、アメリカでもかろうじて3％である。カナダは0・2％、オーストラリアは0・3％以下である。(27) 現在、開発可能な土地が人為的に不足し、すでに持ち家のある者には利益をもたらすが、若年層にとっては不動産を所有することがきわめて難しくなっている。(28)

人口密度の高いところでは、状況はさらにひどい。香港は過去10年間に住宅価格が3倍に跳ね上がり、約21万人の中流階級や労働者階級の住民は、違法に細分化されたアパートの「棺桶部屋」と呼ばれる狭いスペースで暮らしている。土地不足のせいにするのは簡単だが、問題はやはり、地方自治体や有力投機筋の利益となるように土地利用をコントロールする政策が実施されていることにある。(29)

このような政策を批判する一人、アリス・プーンは『Land and the Ruling Class in Hong Kong（香港の土地と支配階級）』（２０１１年）〔未邦訳〕のなかで、これを「封建的」システムであると的確に言い表している。[30] 両親と同居する34歳の大学研究者ケネス・トンは、自分たちの世代が直面している苦境について、50年間モノポリーゲームを続けた結果、全財産を取り上げられてしまった状態になぞらえている。「このゲームを続けていけば、貧富の格差が広がり……ますます多くの人がひどい環境のもとで暮らすことになる[31]」。

相続財産が復活する

新しい封建制の世界では、裕福な機関投資家と同様、上の世代が住宅価値と家賃収入の上昇から恩恵を受けている。[32] しかし彼らが甘い汁を吸っている裏で、若い世代が純資産を増やすことも、奴隷的地位から抜け出すこともできない厳しい現実に直面し、将来に希望を持てなくなっていることも併せて考えてみる必要がある。[33] 米国勢調査局によると、今日アメリカの中所得層が持つ財産の約3分の2は住宅が占め、持ち家所有者の純資産の中央値は借家人の約80倍にもなるという。[34]

この新しい秩序のもとで「相続財産が復活する」とトマ・ピケティは書いている。フランスでは、GDPに占める相続財産の割合が1950年に約4％だったものが2010年には15％にまで拡大した。ミレニアル世代で遺産を受け取った者は、多くの労働者の生涯賃金を上回る金額を相続している。相続財産の重要性は増すばかりであり、ドイツ、イギリス、アメリカにおいてさらにはっきりしている。[35]

次の世代では、相続というものが19世紀以来、社会秩序のなかで最も大きな役割を果たすことになるかもしれない。親が資産家の子は（多くの場合、親の助けを借りて）いずれ家を持ち、いわゆる「特権の漏斗《じょうご》」から水をたっぷりと注いでもらえる格段に有利な立場にある。[36] アメリカ人は相続財産に批判的な国民性だと長らく言われてきたが、そのアメリカにおけるミレニアル世代は、老後の生活資金を相続に頼る可能性がベビーブーム世代の3倍になるという。18歳から22歳までの最若年層では、老後の生活の糧を相続に期待する人が60％を超えている。[37]

デジタル封建制

持ち家などの財産を所有する夢が消えつつあるのは、中流階級の物質主義《マテリアリズム》〔訳注　飽くなき所有欲〕にたいする長年の拒絶反応とみる向きもある。環境雑誌『グリスト（Grist）』は、郊外での生活と仕事の両立という親世代が嵌《は》まった物質主義の罠から逃れる「英雄世代（hero generation）」なるヴィジョンを提起している。[38] この考え方は、エリート有識者、とりわけ環境保護論者のあいだで人気がある。それは、ピケティが「民主主義の敵」と呼ぶ不労所得者《レンティア》階級にとっても魅力的な考え方である。中流階級が独立心を失う一方で、自分たちは賃料を徴収して安定的な利益を確保することができるからである。[39]

自分の財産を持たない宿命を背負わされつつある若年世代は、自己の個人データを所有する権利すら失いつつある。無料サービスと引き換えに、大量の個人情報をしばしばそうとは知らずに大手テック企業に渡しているのである。よく言われる「シェアリングエコノミー（共有経済）」ではなく、少数の企業の利益のために個人データをマイニング（採掘）することによって成り立つ経済がやってこようとしている。かくして中流階級は、ガスパール・ケーニヒのいう「デジタル封建制」のもとでデジタル農奴となるのである[40]。

第12章 文化と資本主義

封建時代を含む長い歴史を通じて多くの文化を形成してきたのは、有力な富裕層と聖職者・知識階級のあいだの緊密な結びつきと共通の目標であった。[1] 今日、経済的寡頭支配層と有識者層の共生関係は、中流階級の将来を脅かす最大の脅威となっている。中流階級の快適な生活を害する価値観を助長し、政策を推進しているからである。

現代においてビジネスと有識者のつながりが特に強いのが中国である。中国では、さまざまな企業が政府の意思決定者との結びつきを利用している。中国の学者で階層研究が専門の周 暁虹《ジョウシャオホン》は、この二つの階級が協力して中国の富のほとんどを支配していると指摘する。何しろ民間起業家の4割近くが共産党の党員でもある。[2]

西洋では、起業家は自由化を推進し、既得権を持つ貴族や聖職者エリートの権力を制限する勢力となる歴史的傾向がある。というのも、17世紀オランダの経済学者ピーテル・ド・ラ・クールが語っているように、「通商は自由であることを願っている」からである。[3] これと対照的なのが、今日のテック業界や金融業界を率いる寡頭支配層である。彼らは自分たちの財産が脅かされないかぎり、有識者層の有力メンバーが提唱する強引な「進歩主義的」政策を支持する傾向が強い。[4] したがって、真の文化的権力は、トマ・ピケティの言う「バラモン左翼」の側にある。[5]

「脱経済」目標

いまから半世紀ほど前、物質的豊かさが増すにつれて利潤動機は弱まり、より美的な目標や自己実現の探求、あるいは奔放な快楽主義が生まれてくると予言した人がいた。アルビン・トフラーである。「人間が脱経済目標をめざして努力しはじめる場合にその土台となるのは物質的豊かさである」とトフラーは書いている。[6] この「脱経済」目標の一つの例が、上流階級の抱く「覚醒した《ウォーク》」価値観である。

多くのビジネスリーダーやハーバードビジネススクールの学生の大多数は、イギリスの哲学者ジョン・グレイが「ブルジョアのキャリア主義と美徳シグナリングによる自己正当化とが混ざり合ったもの」と定義する「超自由主義（hyper-liberalism）」を好む。[7] トップＣＥＯの多くは、自分たちの責務は単に株主のニーズに応えることや、顧客にサービスを提供することではなく、国民の意識や政策に影響を与えることであると考えている。ビジネスリーダーたちのなかには、ある種の「企業自警主義（corporate vigilantism）」に魅了される者もいる。[8] ＥＳＧ（環境・社会・企業統治）への投資というかたちで実践される社会的責任という考え方は、アウディ、ジレット、プロクター＆ギャンブル、ナイキ、アップル、ペプシといった企業の広告やＣＥＯ宣言に採り入れられている。[9] これを歓《よろこ》ぶ消費者も一部いるかもしれないが、その他大勢の消費者を遠ざけてしまう。建設業、エネルギー産業、農業などの職業に就いている人たちは、あまり干渉しない経済政策や社会政策を好む傾向がある。一方、高学歴の大企業経営者やその技術スタッフは当然のことながら、「開明的」な価値観を持つ専門家が支配する社会、つまり自分たちの同類が支配する社会に魅力を感じている。[10] ビジネスリーダーたちのこうした傾向は、寡頭支配層を有識者層（弁護士、学者、メディア関係者など）に近づける。彼らもまた、ずっと昔から中流階級を見下してきた連中だからである。文学史家のヴァーノン・パリントンが１９２０年代後半に述べたように、「社会から中流階級の独裁を排除し、芸術家と科学者がアメリカに文明を打ち立てるとしよう。それはかつての文明がそうであったように、尊ぶべき存在となるかもしれない」[11]。

グリーン資本主義

「バラモン左翼」、そして彼らと気脈を通じる寡頭支配者たちは、とりわけ環境問題をめぐってヨーマンと対立する。イタリアの自動車メーカーであるフィアットの再建に尽力したアウレリオ・ペッチェイが率いる大企業の支援を得て、1972年に『成長の限界』という世界的に大きな影響を与えた本が出版された。その執筆者たちの長期的展望は、地球から資源が急速に失われているという考えに立脚していた。そこで彼らは、成長を抑制し、人口と資本の「注意深く制御されたバランス」をとることによって「グローバルな均衡」を実現すべきと呼びかけた[12]。その目標は近い将来に経済成長を終わらせることであったが、それが達成された暁には、これまでのような社会的上昇は事実上の終わりを迎えることとなる。

今日の気候変動にたいするもっともな懸念から、寡頭支配者と有識者との連携は緊密化している。フォード家やロックフェラー家をはじめとする旧財閥の資金を預かる非営利財団は、過激な気候変動対策を率先して提唱するようになった。その対策の多くは、エネルギー価格や住宅価格の引き上げや工業開発の抑制など、中流階級や労働者階級に直接的に損害を与えるものとなっている[13]。

寡頭支配者と有識者は、たとえ過激な環境政策を進めても、基本的にそのコストを負担するだけの余裕がある。超富裕層にとって物価の高さはあまり気にならない。有識者たちはといえば、規制の重圧にさらされてもあまり痛手を受けない機関（アカデミズム、マスメディア、官庁など）に身を置いている。進歩的ジャーナリストのアナンド・ギリダラダスが書いているように、「平均的なアメリカ人の生活はあまり改善されていない」にもかかわらず、自分たちは「進歩の圧倒的な恩恵に浴しつづけてきた」ので、他のすべての者を非難する横柄な態度をとれるのである[14]。

富裕層は、豪邸暮らしや自家用ジェットでの移動を制限するような過激な規制でないかぎり、気候変動対策として厳しい環境政策を要求しうる。一方、化石燃料の使用が禁止されれば、原油掘削業者や工場従業員、旧式のトラックで通勤する建設労働者は深刻な打撃を受ける[15]。『ガーディアン』の環境担当記者であるジョージ・モンビオットのような狂信的環境保護主義者は、たとえ仕事や家を失う人が出ようとも、二酸化炭素の排出量を削減するためならば景気後退も望ましいと大っぴらに述べている。ここから言えるのは、マルクス主義の歴史家ジェームズ・ハートフィールドが述べているように、「グリーン資本主義」は、上流階級が下位の人びとを抑圧するための新たな計略であるということだ。基本的に「バラモン左翼」は、地球の生態系を慮《おもんぱか》る態度を示しながら、「人類の生存のため」と称して上から頭ごなしに押しつける資源・エネルギー不足の代償を中流・労働者階級に無理やり肩代わりさせようとしているのである[16]。

リテラシーとソーシャルメディア

中流階級は、自らはほとんど関与できない政策によって締めつけられているが、自らの未来を自らの手で切り開く余地はまだ残されている。しかしそれはひとえに、リテラシー（読み書き能力）の向上や学びへの主体的な取り組みなど、力強い中流階級を生み出した価値観や習慣を維持し、取り戻すことができるかどうかにかかっている。

15世紀半ばのヨーロッパの識字率は総じてきわめて低く、イギリス全体では5％程度であったと思われるが、各都市やオランダ、イタリアの都市化が進んだ地域ではかなり高い水準にあった。女性で読み書きのできる人はほとんどいなかった。この状況が劇的に変わったのは、北欧の都市を中心に印刷機が導入されてからである。1650年にはイギリスの人口の約半数が文字を読めるようになった。オランダの識字率は1750年には約85％にまで上昇した。[17]

識字率が高くなると、人びとは権利を要求し、不正に反対し、書かれた文章を理解し、共通の計画に沿って効果的に組織化することができるようになった。実際、中世後期に起こった一連の反乱では、読み書きのできる少数の農民が中心となって行動を起こしたものと考えられる。ベンジャミン・フランクリンが指摘したように、植民地時代のアメリカでは識字率が高かったため、商人や機械工が王制に反対する革命的なメッセージを広め、彼らの抵抗を組織化することができた。[18] 20世紀のアメリカでは、文字文化は文化的権威者と中流階級のあいだで広く共有されていた。1950年代の平均的アメリカ人は、ルース・ベネディクトやソール・ベローといった同時代の著述家の著作や古典作品を大量に購入していた。テレビでシェイクスピア劇を楽しむ人も多く、視聴者数5000万人という驚異的な数字をたたき出した番組もあったほどである。[19]

そうした共通文化が、作り手と受け手の双方からほころびをみせている。文化の作り手は、自分たちの作品をマスマーケットの嗜好よりも、有識者層が抱く特定の関心に合わせがちである。アカデミー賞のようなテレビ放映される番組の視聴者は、特に若者のあいだで減少している。

『ウエスト・サイド物語《ストーリー》』『サウンド・オブ・ミュージック』、あるいは『ロード・オブ・ザ・リング』の第一作などのように幅広く人気のある上質な作品に賞が贈られることがほとんどなくなったからである。昨今の受賞作は、主に業界関係者にアピールする作品ばかりが選ばれている。[20]同時にハリウッドは、活字離れの観客に受けるアニメ的なスーパーヒーロー映画で興行収入の大半を稼いでいる。[21]

現代の若者のあいだで趣味の読書が減少していることはすでに指摘したとおりである。大学進学率の上昇に反比例して、認知能力も低下しているようである。アメリカでは、中身のある会話ができる働き手を見つけるのが難しいという報告が多くの雇用主から上がっている。社会人としての基本的スキルが身についていない求職者が6割以上にのぼるという調査結果もある。[22]最近のティーンエイジャーは、スマートフォンやソーシャルメディアでアクセスする世界に自分の経験が限定されつつある。ソーシャルメディアは、心を開くどころか、面と向かって意思疎通をはかる能力の乏しい世代を生み出しているようである。[23]

ソーシャルメディアが若者の心に与える影響については懸念の声が高まっている。フェイスブックやインスタグラムなどのサイトは、注意力の低下と関係がある。ある調査によると、ソーシャルメディアの利用が主な原因で、平均的な注意力は2000年以降50％も低下しているという。[24]巧妙なメッセージで10代の若者たちを自社製品の顧客に取り込もうとするタバコ会社の悪辣なやり口を彷彿とさせるマーケティング手法によって若者たちはネット〝依存症患者〟と化している。[25] フェイスブックの元幹部で、ユーザー拡大担当副社長を務めていたチャマス・パリハピティヤは、いまではその悪影響を心配して、わが子にはソーシャルメディアにできるだけ触れさせないようにしており、他のテック企業幹部も同様であるという。ソーシャル・ネットワークは「社会を機能させている社会機構（social fabric）を引き裂こうとしている」とパリハピティヤは警鐘を鳴らす。[26]

核家族

リテラシーと並び、歴史的にブルジョア社会を繁栄させたもう一つの特徴は、社会の基本単位として、大親族集団よりも核家族を重視したことである。文化的想像における母性の評価が引き上げられ、子どもはより優しく扱われるようになった。

バーバラ・タックマンは、中世の歌、民話、文学作品には、子どもたちが追い払われたり、棄てられたり、池で溺れたり、森で迷子になったりする姿がしばしば描かれていると語る。その後、成人するまで生き延びられる子どもは、かろうじて半数だという。女性はといえば、ほとんどが「浮気女、売春婦、騙す妻」の役柄で登場した。母性について非常に好ましいイメージが持たれていたのは、聖母のそれだけであったとタックマンは指摘する。[27]

聖書には「産めよ増やせよ」と書かれているにもかかわらず、カトリック教会では独身でいることが高く評価されていた。4世紀のミラノ司教であった聖アンブローズは、未婚者を「天上の天使たち」と呼んだ。中世には多くの優秀な人たちが修道院に入り、独身主義の理想がカトリック司祭全体に徹底されたため、文化や人口動態がもたらす活力はさらに低下した。産業革命前のヨーロッパでは、人口の15％が生涯独身であったと推定されている。(28)

近世に入って経済がますます活気づいてくると、母性、子ども、家族にたいする新しい見方が生まれてきた。アムステルダムのような都市では、豊かで自由主義的な文化の発展とともに、社会の基本単位として、かつまた社会的向上心の原動力として、核家族を重視する傾向が強まった。(29)サイモン・シャーマは、核家族を中心に成り立つ「子どもたちの共和国」について描いている。オランダを訪れた多くの旅行者が「子どもたちへの優しい接し方にきっと驚いたにちがいない」と彼は記している。オランダ黄金時代の名画は、この新しい家庭への愛着（domesticity）を照らし出している。聖母にたいする中世の妄想やルネサンス絵画に特有の非現実的なケルビム像は、「徹底した現実性」を特徴とする家庭像に取って代わられた。(30)

この家庭の重視は、民主主義制度の勃興にとってきわめて重要な役割を果たした。アメリカ建国当時、家族の結束は自治にとって不可欠なものと広く考えられていた。家族は、困ったときの援助と安全を、そしてまた威圧的な権威から自由に生きるために必要な道徳的指針を与えてくれた。ジョン・アダムズは「国民道徳の基盤は、私的な家庭のなかで築かれなければならない」と書いている。(31)

脱家族主義

今日、家族の文化は、特に高所得国において侵食されている。結婚や家族がもはや中心的な役割を果たさなくなる脱家族社会が新しく生まれつつある。アメリカでは1960年に10%だった一人親率は現在40%を超えている。[32] イギリスでは1970年に一人親世帯が8%を記録したが、婚姻率はこの30年で倍増し40%になった。[33]

脱家族の考え方は、どちらかといえばヨーロッパ大陸のほうが一般的である。2000年には、スウェーデンにおける出産の半数以上が未婚女性（ほとんどは同棲中の女性）からであった。大半の西欧諸国の出生率も同じような傾向にある。[34]

婚外出産が以前よりも当たり前になってきている一方で、出生率は総じて低下傾向にあり、アメリカ人女性で出産する人の割合は過去30年余りで最も低い水準となっている。[35] その理由として指摘されるのが、家庭を持つ年齢の人びとの収入が不安定で、手ごろな価格の住宅を購入できる見通しが立ちにくいということである。教育費や家賃など子育てにかかる費用が所得をはるかに上回るスピードで増加しているため、多くの人が子どもを贅沢品と考えるようになっている。[36] これはアメリカにかぎったことではなく、福祉が充実した国を含むほぼすべての富裕国に当てはまる。[37]

いま東アジアでは、長年続いてきた家族文化が強烈な仕事文化によって破壊されつつあるようにみえる。人口統計学者のウォルフガング・ルッツによると、「シンガポールでは、女性は週平均53時間働いている」という。「もちろん、彼女たちは子どもを産むつもりはない。それだけの時間的余裕がないからだ」[38]。これは1970年にアルビン・トフラーが描いていたとおりの、家庭生活を犠牲にして仕事に専念する傾向が強まる状況を想起させる。トフラーは、子育てを育児専門業者に頼む「流線型家庭（streamlined family）」を生み出す結婚の革命が起こることを想定していた。長期的な結婚生活という理想は、より移ろいやすい夫婦関係に変わり、人生の節目節目にたくさんのパートナーを持つようになると彼は予想した[39]。

家族の重要性を強調する古いブルジョア的な考え方に代わって、多くの社会で独身一人暮らしの生活が好まれるようになってきている。この傾向は20世紀の自由奔放主義《ボヘミアニズム》の高まりによって強まり、家族の義務よりも個人の権利拡大を重視するようになった。アメリカでは、2015年に全世帯の4分の1以上が単身者世帯であった。ニューヨークなどの都市部では、単身者世帯の割合がほぼ2分の1を占めると言われている[40]。

同じパターンは、伝統的に家族への帰属意識が非常に強かった東アジアでもみられる。中国では18歳から36歳の成人の7割近くが一人暮らしである。単身世帯が増えてくれたおかげで、孤独な個人や海外からの出稼ぎ労働者に「人とのつながり」を提供するネット配信サービスがぼろ儲けしている[41]。現代アジアにおいて人口動態変化の先陣を切る日本は、2040年には一人暮らしが全国民の4割に達すると予想されている。[42] 一人暮らしだけでなく、孤独死する人も増えている。日本では週4000人の「孤独死」が発生しているというデータもある。[43]

宗教・家族の軛から解き放たれた世代

資本主義とブルジョア文化は共生しながら発展してきたが、資本主義の成功はブルジョア文化を破壊する種を蒔いてしまったのかもしれない。[44] 半世紀近く前、ダニエル・ベルは、自制心、勤勉さ、個人責任といった伝統的なブルジョア規範とは大きく異なる価値観を持つ裕福な「新しい階級」が台頭していると考えた。この新しい階級は、宗教や家族の軛から解き放たれた新しいかたちの個人主義を支持したが、これは中流階級の文化基盤を崩壊させかねない。[45]

日本では、勤勉、犠牲、忠誠といった伝統的価値観が〔1980年代に〕「新人類」なる新しい世代によって大きく否定された。ある社会学者の説によると、そうした若い日本人は「低コストで質の高い生活を維持することにより、低成長時代の新しいライフスタイルを実践しようとしている」という。[46] 30代の日本人の3分の1近くが性体験がないとされるが、これは家族形成にとってけっして望ましい指標とは言えない。[47]

ヨーマンは、より農奴的地位になり下がるのを防ぐため、かつて中流階級の繁栄を築いた家族的価値観と野心を取り戻す必要があるように思われる。より広くいえば、民主主義の未来は、人びとを下流階級から中流階級へ、独身者から責任ある親へ、非財産所有者から財産所有者へと引き上げるための社会的価値観にも左右されることとなるであろう。

第Ⅴ部

新しい農奴

ある朝、有産階級は自分の見識では夢想することすら できないことがおこって、愕然とすることであろう。

フリードリヒ・エンゲルス

『イギリスにおける労働者階級の状態』

第13章　隷従への道

北京市の外周を走る環状5号線「北京五環路」を抜けると、中国の近代的な都心部のきらびやかな外観とはまるで違う世界が目に飛び込んでくる。周辺部のこの地区には、新築の高層ビルの姿はなく、雑居ビルや掘っ立て小屋が立ち並ぶばかり。街は埃っぽく、真昼の太陽のもと動物たちが寝そべり、世界最古の職業を営んでいることで知られる家の前には男たちが列をなしている。まるで40年前の中国に戻ったかのような光景がそこにある。まだ貧しかったこの国の大衆は、その日その日を食いつなぐ生活を営んでいた。

中国の主要都市や多くの小都市の周辺には、どこも同じような出稼ぎ労働者（推定2億8000万人以上）の集落がある。彼らは貧しい田舎から出てきて、建設現場で働いたり、食堂などで食器を片づける仕事をしたりして、都市の「戸口《フーコウ》」（戸籍）を持つ恵まれた中国人には敬遠されがちな仕事に就いている。都市に居住する権利が認められていない中国の出稼ぎ労働者は、教育や医療を受けることができない。彼らの多くは最も危険な仕事に従事していながら傷害保険のようなものに加入しているのはせいぜい4人に1人くらいである(1)。

中国は世界の工場なのかもしれないが、多くの仕事はこのような保護されていない出稼ぎ労働者たちによって行われている。そのなかには、夜間にアマゾンのアレクサを組み立てるために働く児童も含まれる(2)。リーズ大学の李小云《リ シャオユン》(スン・リー)が指摘するように、中国の莫大な富は、古典的マルクス主義の「搾取」の定義に当てはまるような「労働者が創造する」経済から生まれている。多くの人がせいぜい週給63ドルで週60時間も働いている。現代の中国では、もとは小作人であった人びとが、中国王朝の富を築くために働きながら、ほとんどその恩恵にあずかることができなかった彼らの祖先たちが数千年にわたって演じてきたのと同じ役割をいままた演じている(3)。

中国では、農村部の貧困が都市部への出稼ぎ移動を助長している。どこの国でも農村部は都市部より貧しいのが一般的ではあるが、中国ほどその格差が激しい国はまずない。アメリカでは、農村部の世帯のほうが都市部の世帯よりも平均で4%貧しいが、中国ではその差は63%もある。中国が誇る中流階級は人口の約12%を占め、そのほとんどが都市部の合法的な住民であり、地方に住む人口の43%は生活に困窮している(4)。最も豊かな大都会の中心で快適な生活を送ることは彼らの夢だが、北京や上海などの大都市ではすでに〝満員御礼〟の札が出ており、その夢をかなえる道は閉ざされつつある。2018年に中国政府は一部の出稼ぎ労働者を大都市から追い払う措置に着手し、行き場をなくした人びとは職にあぶれ、ホームレスになる者も出ている(5)。

こうした出稼ぎ労働者は、新しい労働者階級の一部にすぎない。この階級の人びとは、毛沢東時代に約束された「鉄の飯茶碗」〔訳注　落としても割れない鉄の茶碗で飯を食えることから、食いはぐれのない仕事を指す〕の保障がないまま、自力で生活していかなければならない。中国人の3分の2は、小作人、農業労働者、工業労働者、あるいは出稼ぎ労働者のいずれかであり、中国の基準で中流階級になれる見込みはない。大多数の者は規制のない「非公式経済」で働く(6)。

また中国政府は先端テクノロジー分野や生産のオートメーション化に力を入れていることから、労働者階級が社会的に上昇する機会も狭まっており、人口増加の鈍化により建設労働者の需要も減少している。農村部では一般的に教育の質が低いため、出稼ぎ労働者はたいてい経済の成長分野で働くために必要なスキルを備えていない(7)。

SBIチャイナ・キャピタルの共同経営者を務める張化橋《ジャンホアチアオ》（ジョー・チャン）が『サウスチャイナ・モーニング・ポスト』に寄稿したレポートによると、農村の家族がチャンスを求めて都会に移り住んだものの、いまは働き口がなくなってしまったという。

私の従兄弟たちの多くは、20年ほど前に深圳や浙江の建設ブームに乗って地元の農地を後にしました。ここ最近は、成人した彼らの子どもたちも彼らのもとにやってきています。しかし、彼らが村に戻る道のりは辛いものになりそうです。

従兄弟のジンホアイは、いまはひとまず深圳にとどまっています。1979年に、彼は村長と喧嘩したせいで、公安に殴り殺されそうになりましたが、私がなんとか話をつけて彼を釈放してもらいました。当時の私は、村出身の最初でただ一人の大学生ということで社会的に特別な地位にあり、それが役に立ちました。いまジンホアイは村に戻ることを恐れていますが、もし深圳ですぐに次の仕事が見つからなければ、村に戻らなくてはならないでしょう。(8)

かつて欧米で、また最近では韓国や台湾、シンガポールでみられたような幅広い社会的地位の上昇は、中国では起こらないかもしれない。製造業の賃金は人びとを中流階級に押し上げるほど高くはないと弁護士のチェン・ナンは指摘する。「中国は、第二次世界大戦後のアメリカで中流階級が成長したようにはいかず、むしろその段階を完全にスキップし、現在のアメリカのように、圧倒的な生産性がありながら富の分配が不均衡というモデルにまっしぐらに突き進んでいるように思われる」とチェンはみている。(9)

中国の出稼ぎ労働者が今日直面している課題は、労働者階級が将来に希望が持てない厳しい状況にあるという、より広範な世界的傾向を反映している。機会の縮小と所得の減少がそれである。1980年代以降、GDPのうち工業労働者に分配される割合は世界的に縮小している。1975年に企業収入の約64%であった労働分配率は、2012年には59%にまで低下した。この傾向は、欧米の経済的に豊かな市場だけでなく、中国、インド、メキシコのような労働集約型の市場にもあてはまる。[10] 世界の労働者階級は、社会的上昇への道が開かれるどころか、ますます経済的不安にさらされ、現代版の農奴に没落する者すら出ている。

農奴への道

農奴制はローマ帝国の瓦礫のなかから生まれ、奴隷制に取って代わったが、自由農民を別のかたちの依存・服従状態に追いやった。奴隷は、帝国の版図拡大とともに辺境の地から連れて来られ、田園地帯に広がる広大な領地で働かされるようになった。「いまでこそ、ここは大きな領地だが、かつては小さな村だった」と、4世紀のある詩人は書いている。帝政末期、小作農は大土地所有者に服従するようになり、徴税人や蛮族の侵入から守ってもらうかわりに労働力を提供するようになった。332年のローマ皇帝の勅令〔訳注 コンスタンティヌス帝が定めたコロヌス土地緊縛令〕は、コロヌスと呼ばれる彼ら小作人を領主の領地に縛りつけて労働奉仕を強制した。この制度が発展して、中世の農業経済を支えた農奴制が生まれてくる。[11]

ローマ帝国崩壊後、奴隷制度は衰退したが、残された自由農民の大半は、世界が混沌とするなかで安全を求め、奴隷とあまり変わらない境遇の被支配階級に転落した。あるフランスの修道院長は、自分の領地につながれている農奴のことを「彼は足の裏から頭のてっぺんまで私のものだ」と言い放っている。[12] 農奴自身は売買されることはなかったが、法的には「不自由」であり、劣った存在とみなされた。農奴とその子孫は、領主の所領にとどまることはできても、そこを離れることはできなくなった。彼らは領主の直営地（demesne）を耕し、領主から分け与えられた土地を耕して自分たちの必要に応じて生産した収穫物の一部を地代として領主に納め、教区教会には10分の1税を納めることが求められた。これが、封建時代のヨーロッパ人の少なくとも4分の3の人びとの状態であったと思われる。(13)

中世後期に頻発した農民の反乱を含め、ヨーロッパの農奴制はさまざまな要因で崩れはじめた。黒死病（1347〜1352年）による人口の激減は労働力不足を招き、労働者の力は大いに高まった。さらに貨幣の使用が進むと、一部の農奴は自由を買い取ることができるようになり、都市の発展は生計を立てるための新しい機会を提供した。15世紀になると、農業労働は農奴よりも有給労働者によって行われることが多くなった。(14)

しかし、自由農民といえども生活が厳しいことに変わりはなかった。技術の進歩や商業の発達にもかかわらず、何世紀ものあいだ経済の持続的成長はほとんどみられなかった。(15) フェルナン・ブローデルは、中世から近世に至るヨーロッパの農民の生活について「ほとんどまったくの無一物の状態で暮らしていた」という厳しい現実を描いている。農民は家具をほとんど持たず、テーブルすらないことが多く、社会的地位が上の者に小麦や卵、鶏肉、子羊などの良質な食料を売り、自分たちは粟やトウモロコシを食べ、週に一度塩漬けの豚肉が添えられるだけで満足していた。(16)

財産所有の集中、貧富差の拡大、経済の停滞など、似たような封建構造は、欧米よりもアジアのほうが長く続いた[17]。1913年に中国の人口は1500年当時の4倍に増えたが、そのほとんどは餓死寸前とは言わないまでも、極貧から抜け出せない農民であった。「封建制の桎梏《しっこく》」は1940年代までしっかり残っていたと毛沢東は述べている[18]。

労働者階級の勝利

西ヨーロッパで農奴制が廃止されてから数世紀が経ち初期工業時代になると、農奴的な労働者階級が新たに誕生した。19世紀初頭に都市の工場で働くようになった小作人や小農はイギリスの力強い経済成長を支える役割を果たしたが、おそらく彼ら自身は古代都市の最貧困層よりもひどい状況を耐え忍んでいたにちがいない。ローマの奴隷でさえ容易に水を手に入れられたのに、イギリスの工業労働者のなかには、水を求めて1マイルも歩いたうえ、行列に並ばなければならない者もいた。「科学は生活の機械装置を改良していたが、生活の技術は衰退していた」とフィリップ・A・M・テイラーは書いている[19]。19世紀半ば、イギリス国民の3割以上がほとんど何も所有していなかった。こうした貧しい労働者たちから、自分たちの労働によって生み出された膨大な富の取り分をもっと増やしてほしいという要求が出てきた[20]。

フランスのブルジョアジーと一部の農民は、協力的な知識人たちとともに王制を打倒し、貴族や聖職者の特権を廃止した。しかし、その数十年後、アレクシ・ド・トクヴィルは、新たに誕生した資本主義経済において財産の分配の不平等が次第に広がっていく様子を目の当たりにした。これからは「財産が大きな闘いの場になる」と綴るトクヴィルは、やがて来る政治闘争は「持てる者と持たざる者とのあいだで闘われることになろう」と予言した[21]。それは、上流階級が敗れるかもしれない闘いである。トクヴィルがこれを執筆していたのは、『共産党宣言』が発表される前年の1847年であった。

しかしながら、フランスで再び革命的な動乱が起こることも、西ヨーロッパのどこかでマルクス主義的な革命が起こることもなかった。労働者階級は、自分たちの未来を好転させるために、体制を転覆させる必要はなくなった[22]。むしろ現実の政府は、かなり慎重ながらも、労働者階級の不満と要求に徐々に対応しはじめ、その結果、マルクス主義革命や独裁的社会主義を免れた。1850年代のイギリスの工場労働者の生活・労働環境は、勤務日数の短縮、賃金の引き上げ、食品への課税の引き下げなど、すでに改善されつつあった。1832年と1867年の選挙法改正によって選挙権は拡大し、農村の小作人や都市労働者の政治的発言力は強まった。ヨーロッパ各地では、世界恐慌などによる厳しい時期もありはしたが、労働者階級の生活は改善を続けた[23]。マルクスがこうした事態を予想できなかったことは、一部の信奉者が抱くマルクスの無謬性という信念を根底から覆すものであった[24]。

アメリカのアレグザンダー・ハミルトンの構想は、ヨーロッパ流の階級制度に合わせ、権力を裕福な資産家に帰属させるものであった[25]。しかし、特にアンドリュー・ジャクソン大統領時代のポピュリストたちは、農村の自由土地保有者と都市労働者の双方に機会の拡大を約束する政策を強く求めた[26]。卑劣な人種差別の歴史、ネイティヴアメリカンへの過酷な政策、奴隷制度の許容といった問題はありながらも、ジャクソン流民主主義は、政治のみならず、平均的アメリカ人が抱く期待にもある種の革命をもたらした。

南北戦争後、旧来の商人や大農園主のエリートは、莫大な富を築き、時にその豊かさをこれみよがしに見せつける新しい産業貴族に取って代わられることとなったが、アメリカは国全体として繁栄を続けた。1861年にアメリカには億万長者がわずか3人しかいなかったが、19世紀末には3800人にまで増加した。「彼らの蓄財の速さたるや、金儲けの歴史における過去のすべての偉業に匹敵する」とチャールズ&メアリー・ビアード夫妻は書いている[27]。

こうした巨万の富は、中流階級や旧来の上流階級に属する多くの人から恨みを買い、その富を築くのに労働力を提供しながら、強大な企業による搾取から身を守る術《すべ》を持たない工業労働者たちの怒りに火をつけた。進歩主義時代とニューディール時代の社会改革によって、労働者は団結権を含む大きな利益を手に入れた。加入者数が膨れ上がった組合の力を背景に、労働者は大きな勝利をつかんだ。1950年に大手自動車会社と自動車産業労働者たちのあいだで結ばれたいわゆるデトロイト協約は特筆すべき成果である[28]。

経済の成長と組合契約によって、それまで置き去りにされ、差別的扱いを受けてきたコミュニティ、とりわけアフリカ系アメリカ人のコミュニティの環境が改善された。多くの人びとが南部の畑を後にし、給料が良く差別から守られている工場で働くようになった。黒人女性は、家事使用人として働くことをやめ、サービス業やその他の職業に就くようになった。大恐慌の終わりから30年間で、黒人男性と白人男性の所得格差は3分の1ほど縮小し、黒人女性の所得はさらに大きな伸びを示した。残念なことに人種的偏見は続いたが、黒人アメリカ人の平均寿命、大学進学率、持ち家率はいずれも劇的に上昇した。[29]

それと同時に、労働者階級全体の地位も上昇しはじめた。1940年から1950年にかけて、アメリカの労働者のうち下位40％の所得は約40％もの急激な伸びを示したが、上位5分の1の労働者の所得の伸びは8％程度で、上位5％の労働者の所得はやや減少した。[30] ジョン・ケネス・ガルブレイスが言うように、「新しい産業国家」は、労働者に「スラム街の悲惨な自由」から抜け出すきっかけを与えた。[31] 1960年代には、アメリカの労働運動が誇れるのは「まったく新しい中流階級をつくりあげた」ことだと全米自動車労組の会長ウォルター・ルーサーは述べている。工業労働者は家を購入し、子どもを大学に通わせ、かつては富裕層しか味わえなかったような生活を送ることができるようになった。[32]

ルーサーの世界よ、さようなら

すべての人にとってより良い未来がやってくるとの見通しは薄れつつあるが、その理由の一つに、民間労組の衰退が挙げられる。アメリカの労働組合組織率（雇用労働者総数に占める組合員数の割合）は1954年の28%から2017年には11%にまで低下した。同様の傾向は、北欧や西ヨーロッパなどの国でもみられる。1985年以降、高所得国の労働組合組織率は30%から20%以下にまで低下した[33]。

組合組織率の低下要因は、工業関連の仕事がなくなってきたことが大きい。早くも1950年代には、オートメーション化の影響で一部の工業職がなくなりはじめていたが、工業職は特にグローバリゼーションの影響を受けやすい職種でもあった。労働者寄りの経済政策研究所によると、アメリカの対中貿易だけで1979年から2017年までのあいだに340万人の雇用が失われたという[34]。アメリカにおけるこの傾向は、その他複数の国が自国の労働者を用心深く保護するようになったことで加速している。イギリスでも、工業関連の雇用が急速に減少している。医療機器のように有望な分野でも、1995年から2015年までのあいだに雇用者数は15万人から3万人に減少している[35]。

イギリスのミッドランド、ドイツ東部やフランス北東部の古い工業都市、カナダのオンタリオ州、中国の武漢、日本の大阪、アメリカの中西部など、世界のさまざまな地域でラストベルトが出現している。ジョン・ルッソとシェリー・リンコンは、オハイオ州ヤングスタウンのような古い製鉄所のある地域で雇用が失われると、住民の価値観や楽観論に陰りが生じ、古き良き時代に思いを馳せる人が増えてくると述べている。

ヤングスタウンのようなところでは、雇用率が高く、賃金も良く、労働者が強力な組合に守られ、工業労働が（単に形のあるものを生産するだけでなく、困難だがやり甲斐があり、常に危険と隣り合わせの重要な仕事であると実感されたがゆえに）誇りを与えてくれた頃の生活を多くの人がいまも覚えている。採掘されたばかりの鉱石を鉄パイプに変える作業や、その作業から生まれた人と人との深い結びつきからなる豊かなコミュニティの一員でいられたという記憶は、いまだに工業労働者の子や孫の心に伝わっている。彼らは、ウォルマートの棚に商品を並べ、アップルビーズでテーブルを囲み、地元コールセンターの個室から不特定多数の人に向けて寄付を呼びかける電話をかけているときでさえ、工業労働がもたらす目的意識に憧れているのだ[36]。

工業関連の仕事が減っていくにつれ、労働者階級の所得も減少した。第二次世界大戦後の流れからの180度反転である。アメリカでは過去40年間、上位20％の層（中流階級とみなされる人びとの多くもそこに含まれる）よりも下位の層の所得はまったく伸びていない[37]。1983年に労働市場に参入した全職種のアメリカ人男性の生涯所得（就労期間を30年とした場合）の中央値は、1967年に働きはじめた世代のそれと比べて最大で5分の1まで低下している。これは、すべてのアメリカ人の所得が軒並み減少したことを意味するわけではないが、全体としては低下傾向にあるといえる。[38]

社会的上昇というこの資本主義の本質的な期待が、事実上すべての高所得国において著しく低下している。[39] 伝統的に平等主義的な国であるカナダの経済的中心地オンタリオ州では、中流階級の雇用が失われ、高度な技術職と低賃金労働が混在する状況になりつつある。[40] 中間賃金層の縮小による「雇用の二極化」は、社会民主主義が発達したドイツ、フランス、スウェーデンなどのヨーロッパ諸国でもみられる現象である。[41] イギリスでは、2010年から2014年にかけて、100万人の雇用が創出されたにもかかわらず、都市部で働く労働者の賃金は5％減少した。[42] フランスでは、国民の過半数が月に最大50ユーロ（約7800円）までしか貯蓄することができなかった。[43]

今後の技術進歩により、労働者階級への圧力は世界的にさらに強まると考えられる。ロンドンに拠点を置くプライスウォーターハウスクーパースが2017年に発表した報告書によると、イギリスでは15年以内に約30％の仕事がオートメーション化され、一般的に男性が行う仕事は、一般的に女性が行う仕事よりもロボットに置き換わるリスクが高いと言われている（前者が35％、後者は26％）。[44] 〔女性の多い〕看護師よりも〔男性の多い〕トラック運転手のほうがオートメーション化されやすい。郵便局員、電話交換手、機械工、コンピューターオペレーター、銀行の窓口係、旅行代理店など、かつて社会の階段を上っていく足がかりとなったさまざまな職種が、人工知能によって急速に消えてしまうかもしれない。こうした仕事に従事する9000万人のアメリカ人、

またその他の国の労働者にとっても、未来は荒涼としたものとなるかもしれない。(45)

第14章　労働者階級の未来

かつてオートメーション化による雇用喪失の懸念がしばしば誇張されていた。テクノロジーの進歩によって消滅する仕事があるのは確かである。しかし、それ以外の仕事、どちらかといえば実入りの良い仕事が生まれることも少なくない。ハイテク革命の初期、ヒューレット・パッカード、インテル、IBMといった先駆的企業の多くは、下級労働者を会社の一員として大切に処遇し、彼らには昇進の機会や健康保険・年金などの福利厚生を与えるだけの価値があると認めたことが広く称賛された[1]。

新世代のテックジャイアントが掲げる労働方針は、これまでとは大きく異なる傾向がある。テスラのように、契約社員に法定残業代を支払わず、彼らから食事や休憩の時間まで奪ったとして訴えられた企業もある。テスラの工場〔訳注　オートメーション化の進んだ「未来の工場」と評される〕は、賃金が業界平均を下回るという複数の従業員の証言があり、労働者を支援するNPOの調査によると、傷害リスクは業界平均を上回るという。[2]住宅価格が高騰しているせいで職場から離れた場所に住まざるをえないことから、労働者のなかには工場の廊下や車の中で寝ている者もいる。ある労働者は「何もかもが未来のように感じられるが、私たちは別だ」と不満を訴えている。[3]

現在、テック業界最大の雇用主はアマゾンで、2019年時点で全世界に79万8000人の従業員を抱えていた。[4]ライバル企業に比べて、アマゾンが労働者に支払う賃金は抑え気味である。従業員の多くはフードスタンプなどの政府補助に頼って家計をやりくりしている。アマゾンは、最低賃金を時給15ドルにすると発表した際、ストックオプションその他の手当《てあて》も削減し、少なくとも長期雇用者の昇給をほぼ帳消しにした。[5]アマゾンの平均的な労働者が2018年に受け取った報酬は3万ドル未満で、CEOが10秒単位で稼ぐのとほぼ同じ額である。[6]

アマゾンの労働環境は、とても最適とは言いがたい。イギリスの倉庫作業員たちは、休憩を取ることを「時間の無駄遣い」と咎められないように、瓶の中に排尿していたという報道もある。アマゾンは「労力節約策」と称して、従業員の動きを追跡するリストバンドの特許も取得している。あるイギリス人労働者によると、作業ペースを守れない者は記録され、解雇されることもあるという。「ハンガー・ゲームをやらされているようなものです。実際、そう呼ばれています」[7]

〔訳注『ハンガー・ゲーム』は、作家スーザン・コリンズの近未来小説で、映画（シリーズ）化もされている。文明崩壊後の北アメリカに位置するパネムという国家が舞台。この国は富裕層が暮らす都市キャピトルと貧困層が暮らす12の隷属地区からなる。ハンガー・ゲームとは、各地区から少年少女を一人ずつ選出し、最後の一人が残るまで殺し合いをさせる年一回のイベント。反乱にたいする制裁と見せしめであると同時に、テレビ中継されるこのゲームを見るのが富裕層の娯楽となっている〕。

アップルはほとんどの製品を海外、主に中国で製造している。しかし、医療上の懸念と政治的ファクターから、これは変わるかもしれない。アップルは中国で働く自社の従業員に加え、鴻海精密工業（フォックスコン）などの請負会社でアップル製品を製造するために70万人以上〔アメリカ国内の雇用者の10倍〕の労働者に頼っている。こうした労働者は、違法なストライキや自殺を引き起こすような過酷な状況に置かれており、自分たちはロボットと大差ない扱いを受けているとしばしば訴えている。(8)

プロレタリアートからプレカリアートへ

昔の労働者階級の世界では、労働組合が労働時間や手当を決めることが多かったが、今日の下級労働者は、その多くが自分の労働時間を管理することができず、しばしば最低限の賃金でぎりぎりの生活を送る「プレカリアート」と呼ばれる状態に陥りつつある(9)〔訳注　プレカリアートはイタリア語のprecariatoに由来し、「不安定な」を意味するプレカリオ（precario）と「賃金労働者階級」を意味するプロレタリアート（Proletariato）を組み合わせた造語〕。こうした状況が生じている背景には、技能依存型産業や小売業などの比較的安定した仕事から、ホテルの客室清掃や訪問介護などの職業に仕事内容が基本的にシフトしていることが挙げられる。[10] このような職業に就いている人びとは、あまり賃金が上がらず、雇用条件が変化したり、長期契約を結んでもらえなかったりするせいで「収入の変動」に悩まされている。[11]

このような不安定な雇用形態は、労働法制が整備されている国でもよくみられるようになった。カナダでは、臨時雇用者の数が常用雇用者の3倍以上のペースで増加している。これは、工業関連の仕事を失った労働者の多くが、新たにフルタイムの常用雇用職を見つけることができないためである。[12] 同じパターンは、伝統的に労働者に優しいヨーロッパ諸国でもみられる。EU15〔訳注　2004年5月1日の10カ国の加盟前にEU加盟国だった15カ国〕とアメリカでは、生産年齢人口の20％から30％、最大で1億6200万人が契約労働者として働いている。[13] これと似た傾向は、ケニア、ナイジェリア、南アフリカ、ベトナム、マレーシア、フィリピンなどの途上国でも顕著にみられる。[14]

長期安定雇用の国として知られる日本でも、パートタイムや条件付き雇用の流れが進んでいる。現在、日本の労働者の約4割が「非正規雇用」、別名「フリーター」であり、このグループはフルタイム雇用が減少する一方で急激に増加している。このような不安定な雇用形態が、日本の超少子化の一因になっていると広くみられている。[15]

今日プレカリアートの多くは、〔配車サービス会社の〕ウーバーやリフトといった企業がすぐに連想される〝ギグ〟エコノミーのもと非正規で働いている。これらの企業やそれを擁護する進歩派のデイヴィッド・プルーフ（２００８年バラク・オバマの大統領選挙運動を担当）は、労働日の管理を個人に戻すことで「資本主義を民主化」する〝シェアリング〟（共有）エコノミーについて誇らしげに語る。彼らによると、ギグエコノミーは、人びとが自家用車や自宅を利用して副収入を得るための機会を提供するものだという。ウーバーやリフトのような会社の企業イメージは、副業ドライバーが顧客に便利なサービスを提供しながら、家族旅行や豪華なデートのためにお金を貯めているという究極のウィン・ウィンを特徴としている。(16)

しかし、大半のギグワーカーにとって、そのような仕事は民主的でも満足のゆくものでもない。ウーバーの広告に登場する中流階級のドライバーのように、贅沢をするために小遣い稼ぎをしているような者はほとんどいない。むしろ彼らの多くは〝ギグ〟に頼って家計をやりくりし、ぎりぎりの生活を送っている。アメリカのギグワーカーのうち、30代後半から40代（家族形成に最も適した年齢層）のおよそ3分の2が生活費の支払いに苦しんでいる。カリフォルニア州では、ギグワーカーの半数近くが貧困ライン以下で生活している。アメリカを含む75カ国のギグワーカーを調査したところ、ほとんどの人が最低賃金以下の収入しか得られていないことがわかっており、彼らのことを「マルクスのいう抑圧されたプロレタリアの最後の人びと」と評した人もいる。(17)

彼らが不安定な状況に置かれている理由は容易にわかる。ギグワーカーには公民権法の適用など、フルタイムの労働者であれば受けられる多くの基本的保護がない。代表権はなく、労働時間も決まっていない労働者は、自分の職業・立場を守るための必要な手段を持っていない。日雇い労働者はどこでも同じように、本質的に取り替えのきく存在なのである。クリントン政権で労働長官を務めたロバート・ライシュは、〝シェアリング〟エコノミーを「消耗部分シェア（“share-the-scraps”）」エコノミーとまで呼んでいる。[18] 多くの人にとってギグワークは、中流階級の生活に〝プラスアルファ〟をもたらす仕事というよりも、むしろ農奴の作業に近いものとなっている。

労働者階級の文化が蝕まれていく

労働者階級の経済的凋落傾向は、文化の衰退によって拍車がかかった。宗教組織、大家族、近所付き合い、社会集団、労働組合など、コミュニティの伝統的な防波堤はどれも壊れかけているが、その影響が最も深刻なのは、経済的資源に乏しい人たちである。[19]

労働者階級の社会的衰退は、産業革命の最初の数十年間に起こった状況とよく似ており、家族・コミュニティの構造や宗教の絆は揺らぎ、しばしば破綻した。アルコール依存症の蔓延が「ヨーロッパ全土に酒という疫病をまき散らした」とマルクス主義の歴史家E・J・ホブズボームは書いている。19世紀半ば、ロンドンでは4万人の娼婦が商売をしていた。イギリス人労働者の健康状態は最悪で、ほとんどの者が栄養失調状態にあり、仕事に伴うさまざまな病気に苦しんでいた。１９１７年の時点で、健康状態が良好とされた若い男性は全体の３分の１にすぎなかった。[20]

今日、アメリカでも他の国でも、労働者階級は富裕層に比べて、家族形成、学力試験の成績、卒業率などで後れを取っている。社会学者のステファニー・クーンツが明らかにしたように、上流階級の婚姻関係は安定してきているかもしれないが、全米では3人に1人が婚姻関係にない男女間に生まれた婚外子である。一部の労働者階級地区（特に少数民族の多い地区）では、子ども全体の5分の4が未婚の母親から生まれている。一人親家庭の割合は、アメリカ全土でも、またヨーロッパでも、社会的流動性の低下を最も端的に示す指標となっている。[21]

こうした社会的パターンは、経済動向の変化と同時に起こっている。2017年に発表されたアメリカでの詳細な調査によると、町や郡から製造業の仕事がなくなると、出生率や結婚率が低下し、婚外子や一人親家庭で育つ子どもの割合が増えることがわかった。[22] また、肥満、糖尿病、心臓・腎臓・肝臓疾患などのさまざまな健康問題は、世帯収入が3万5千ドル以下の世帯のほうが10万ドル以上の世帯よりもはるかに高い割合で発生している。2000年から2015年にかけて教育水準の低い中高年の白人アメリカ人の死亡率が上昇したが、アン・ケースとアンガス・ディートンはこの傾向は主に「絶望死」（アルコールやオピオイドなどの薬物に関連した死や自殺）によるものだと述べている。[23] ヨーロッパでも、特にスコットランドの古い工業地帯で、薬物依存症や薬物関連死を含む健康危機が発生している。[24]

伝統的に強固な家族構成で知られる東アジアでは、労働者階級に社会的腐食（social erosion）の兆候がみられる。ある最近の調査によると、韓国の全世帯の半数が何らかの家庭危機を経験しており、多くは借金や失業、育児や高齢者介護に関わる問題であるという[25]。日本では、離婚、母子家庭、配偶者や児童の虐待といった「悲惨指数」が上昇しており、これらは日本の深刻な人口減少を加速させ、社会階層の分断を深める要因となっている[26]。

中国はさらに大きな社会的課題に直面するかもしれない。現に政府当局者が家族関係の悪化、特に年老いた親の介護への影響について懸念を示している。かつて儒教の理想を根絶しようとした国家が、それを復活させようというのだから驚きである[27]。家庭崩壊の問題は特に地方において深刻である。仕事を求めて出稼ぎ労働者が都市に流れ込んできた結果、およそ6000万人の「取り残された子ども」と、ほぼそれと同数の「取り残された高齢者」が生まれた。出稼ぎ労働者自身も、全国水準をはるかに超える割合で性病などの深刻な健康問題に悩まされているが、農村に取り残された子どもたちはとりわけ厳しい状況にある。スタンフォード大学のスコット・ロゼール教授によると、そうした子どもたちのほとんどは病気にかかるか栄養失調で、3人に2人は貧血、寄生虫病、近視に悩まされているという。ロゼール教授は、取り残された幼児の半数以上は認知能力に遅れがみられ、IQが90を超えることはないと予測している[28]。これは『すばらしい新世界』のガンマ階級やエプシロン階級のような未来を予感させる〔訳注　国家のために必要な支配階級がアルファとベータ。その下に存在するのが、人間扱いされていないガンマ、デルタ、エプシロンの階級である〕。

左翼のジェントリ化

先進国では、中流階級がプロレタリア化しつつあり、労働者階級はさらに後れを取っている。そのため、インテリ左翼と労働者階級の長年にわたる同盟は解消に向かいつつある。1960年代にはすでに、C・ライト・ミルズやフェルディナンド・ランドバーグといった新左翼の急進派が、平均的アメリカ人の知力（mental capacity）を見くびっていた。ランドバーグは、国民の大半が「誤った情報をすっかり信じ込み、すぐに影響を受け、分別を失いやすい」と述べている。(29) 労働者階級が総じて資本主義を受け入れ、また人種や文化の問題も起こってきたことから、左翼の多くは進歩主義の旗をともに掲げる新たな協力相手を求めるようになった。一方、労働者階級は、アメリカのみならず、ヨーロッパ諸国やイギリスにおいても、伝統的に連携してきた左翼とは距離を置くようになった。(30)

スウェーデンの政治学者ボー・ロススタインは、「工業労働者階級とインテリ・文化左翼と呼ばれる人たちとのあいだの150年以上にわたる連携は終わった」と指摘する。彼は「インテリ左翼と新しい起業家経済（entrepreneurial economy）との政治的連携」が旧来の「階級闘争」モデルに取って代わり、「公共サービスを新しく、より民主的なやり方で組織化する」方法を生み出すことができると述べている。(31) いまやヨーロッパ全土で、伝統的な左翼政党は、富裕層、高学歴者、公務員などから支持されるようになっている。[32] ドイツの社会民主党、フランスの社会党、イギリスとオーストラリアの労働党は、そのイデオロギーの一部に「民主社会主義」が復活してはいるものの、アメリカの民主党と同様、おおむね「ジェントリ化（上流階級化・富裕層化）」の道を歩んでいる。彼らは伝統的支持基盤としてきた労働者階級を捨て、大学・大学院卒者に重点を移している。[33]

移民問題や文化的価値観の相違以上に、経済的利害の相違が既存の左翼と労働者階級のあいだに楔を打ち込んでいる。移民、グローバリゼーション、温室効果ガスの排出など、左派の有識者や企業エリートが強く求めるアジェンダは、彼らの個人的利益を脅かすものではない。むしろそれは、資源産業、製造業、農業、建設業などに従事する労働者階級の人びとの利益を直接脅かすものとなる場合が多い。カリフォルニアや西ヨーロッパなどの環境政策は、労働者階級の家庭が抱える懸念を無視する傾向がある。[34]

石油や石炭などの化石燃料の大量使用は、インドや中国などでいまも増えつづけており、人類の未来に危険を及ぼすかもしれないが、18世紀以降、富の創造と労働者階級の快適な生活に大きく寄与してきた。[35] 2050年までに炭素ベースのエネルギー使用を大幅に削減する計画が実施されることになれば、アメリカの中流階級はエネルギー消費において北朝鮮の国民並みにならざるをえないであろう。ヨーロッパでは、自然エネルギーの使用義務化によって、エネルギーコストが高騰している。ドイツ人の4人に1人、ギリシャ人の半数以上が収入の10％以上をエネルギー料金に費やさざるをえなくなり、ギリシャ人の4分の3の人びとは電気代を支払うために他の支出を抑えている。この状態は、経済学的に「エネルギー貧困」の定義にあたる。[36] 他方、このような義務化が富裕層に与える影響ははるかに小さい。

気候変動対策に燃える有識者たちは、郊外住宅や自動車、低価格航空券といったものを狙い撃ちにしてきた。中流・労働者階級のライフスタイルは、しばしば大金持ちから批判される。当の大金持ちは「持続可能性《サステナビリティ》」の枠組みのもとでも、自分たちの贅沢を続けていくことだろう。イギリスの元気候変動・環境担当大臣は、格安航空券について「資本主義の無責任な一面」を表すものだと批判した。どうやら気候変動対策の会議にプライベートジェットで出かけるなど、富裕層の贅沢な旅行は、それほど無責任なものではないらしい。[37] 環境保護に積極的なフランス政府による新たな規制や燃料への課税は、黄色いベスト《ジレ・ジョーヌ》の蜂起やブルターニュ地方のボネ・ルージュ（赤い縁なし帽）の抗議行動を引き起こした。[38]

今日のインテリ左翼は、地球環境や国境を越えた移民については関心を持つが、同胞の労働者階級についてはあまり関心を払わない。フランスの哲学者ディディエ・エリボンは、フランスの地方都市ランスの労働者階級の家庭で苦労して育った同性愛者であるが、自分の家族と同じような人びとに向けられたエリート知識層の根深い「階級差別」を描いている。フランスにおける労働者階級の有権者は、1981年の選挙で社会党が勝利したときに歓喜したが、自分たちの支持する政府がその後「新自由主義」「多文化主義」「近代化」を優先することを知る。社会主義に傾倒していた母親がこう言っていたのをエリボンはいまも忘れない。「右も左も違やしない。右も左も一緒なんだ。結局、いつも同じ人たちがツケを払わされることになるんだからね(39)」。

政治的志向の再編

高所得国の主要な左翼政党がジェントリ化するにつれて、労働者階級に属する有権者の政治的志向も再編が進みつつある。スウェーデン、ハンガリー、スペイン、ポーランド、スロバキアのポピュリスト政党やナショナリスト政党は、特に若者の票を集めて健闘している。実際、右翼民族主義政党の多くは、ミレニアル世代が率いている(40)。アメリカのミレニアル世代も、意外と右派ポピュリズムに惹かれている。2016年11月、アメリカの白人ミレニアル世代は、ヒラリー・クリントンよりもドナルド・トランプにより多くの票を投じた。彼らが盛んに騒いでいた民主党への支持の流れは逆転し、いまや民主党員を名乗る者は過半数を切っている(41)。

より一般的に言えば、進歩から取り残された人びとが抱く自分たちは裏切られたという感覚が、左右両方の主流政党からの離反を招いているのである。労働者階級や若者たちのあいだでは、既存の自由主義的秩序に反対する極左が着実に増えており、一方で極右への支持も根強い。このように政治的中庸から外れて極端に走る動きは、安定した民主主義社会の理想的な姿とはいえない。トクヴィルが言うように、私たちは「火山の上で眠っている」のかもしれない(42)。

第15章

農民反乱

世界の労働者階級はこのまま衰退していくのを受け入れるつもりなのだろうか。寡頭支配層とその盟友である有識者たちによって築かれつつあるグローバリストの秩序にたいする〝農民反乱〟がすでに起こっている。[1] ここ何年間かを振り返ってみても、ブレグジット投票、ヨーロッパでのネオナチ政党の伸張、ブラジルやフィリピンでの権威主義的ポピュリストの台頭、そしてもちろんドナルド・トランプの大統領当選など、反乱の気運が高まりをみせている。[2]

政治の主流にたいするこうした反乱の背景には、下流階級の人びとが、自分たちの生活を支配している企業の幹部なり、政府の役人なりが、自分たちの利益をまともに考えてくれていないのではないかという不信感がある。グレート・リセッションから始まった経済成長の鈍化は、金融エリートや不動産投機家に利益をもたらしたが、大多数の人びとはほとんど恩恵を受けられなかった。アップルのような大企業は、株価が高騰し、低賃金の中国人労働者に生産させることで利益を得たが、資本力のない企業は苦境に立たされた(3)。

こうした不均衡な経済状況により、多くの国で既成政党離れが進んでいる。多党制民主主義国家では、経済のグローバル化や移民の大量受け入れといった政策への反発から、政治の過激化が顕著になった。ハーバード大学の調査によると、ヨーロッパ各地でエスタブリッシュメントに反対するポピュリスト政党の得票率は1990年の10％から2016年の25％へと拡大した(4)。同時に、中道左派政党は極左政党とその候補者に押され気味である。これは、民主主義的資本主義そのものを破壊するおそれのある、より深刻な反乱の予兆にすぎないのであろうか。

農民反乱小史

中世の封建制を称賛する人びとは、階級間の相互義務という考え方を強調する。上層聖職者と軍人貴族は（しばしば不十分なものではあったが）下流階級に床を提供するなどして、ある種のノブレス・オブリージュを実践していた。しかし、下流階級の上流階級にたいする義務は、コーザ・ノストラ〔訳注　イタリアやアメリカなどで活動する犯罪秘密結社〕を律する義務と同様、自発的なものではなかったかもしれない(5)。

中世の貧しい人びとは、必ずしもその悲惨な状況を黙って受け入れていたわけではない。9世紀のカール大帝の時代には早くも反乱が勃発し、中世後期にはより頻繁に起こるようになった。

1227年の低地諸国、1230年の北ドイツ、1315年のスイス・アルプス地方では、実際に勇猛な農民軍が貴族の騎士たちに勝利を収めている。[6] 14世紀は、農民の反乱や都市での暴動が頻発した荒々しい時代であった。フランスでは、1358年のジャックリーの乱で、農民たちが富裕層の荘園を焼き払った。その狙いは「この世からすべての貴族と騎士たちを抹殺し、根絶やしにする」ことであった。しかし、貴族と騎士たちの軍隊に撃退された反乱軍は、報復に遭い、およそ2万人が犠牲となった。[7]

イングランドでは、大疫病〔訳注 1665年から翌年にかけてロンドンで起こった腺ペストの大流行〕の影響で労働力不足に陥ったことから、労働者の賃金は上がり、労働流動性も高まった。しかし議会や大地主たちは賃金を抑え、農民を自分の領地にとどめ置く策に出た。さらに人頭税という新しい課税がきっかけとなり、1381年にワット・タイラーの率いる大規模な反乱が起こる。ジョン・ボールという過激な司祭は、イングランド各地を巡回して農民を煽動し、ロンドン郊外で有名な説教を行った。そこで彼は、「アダムが耕し、イブが紡いだとき、誰が郷紳であったか」と問いかけた。反乱軍は、農奴制と封建的奉仕の廃止、市場の独占やその他の売買制限の撤廃、聖職者の財産没収などを要求した。[8]

農民や都市貧困層による激しい反乱は、他にもフランドル、フィレンツェ、リューベック、パリ、トランシルバニア、クロアチア、エストニア、ガリシア、スウェーデンなど多くの場所で起こった。しかし、フランス革命以前の最大の社会的動乱は、1524年にドイツで起こった大規模な農民反乱（大農民戦争）であった。このとき提示された「農民の十二カ条」には、農奴制の廃止、封建費の制限、漁業・狩猟の権利、農民が自分たちの司祭を選任する権利などが含まれていた。反乱軍はマルティン・ルターの「すべての信者の神権」という教義に触発されて決起したが、ルター本人は彼らの暴力に恐怖を覚えるようになった。この反乱を鎮圧する方法があまりにも陰惨であったことから、ドイツにおけるさらなる反乱の発生が抑えられた。

スイスの農民反乱のように反乱が功を奏することはごくまれである〔訳注　現在のスイス地方の農民と市民は、13世紀以降のハプスブルク家の支配に抵抗し、1291年ウーリ、シュヴィーツ、ウンターヴァルデンの3邦が永久同盟を締結し、自由と自治を守るために相互援助を誓った。その後、他の邦も次々に同盟に加わり、圧迫するオーストリア（ハプスブルク家）軍をたびたび破った。1499年、オーストリアは失地回復をはかってシュワーベン戦争を引き起こしたが、スイス諸邦軍はこれを撃破し、事実上の独立を勝ち取った〕。時に支配勢力は、反乱を鎮めるためにいったん恩赦を与え、あとからそれを取り消す裏切り行為に出ることもあった。[9] 17世紀のイングランドでは、クロムウェルの「立派な革命」が、王制にたいする議会の戦争を過激な平等主義的社会再編につなげようとするレヴェラーズ（水平派）の試みを打ち砕いた。[10] フランス南部と西部では、17世紀の大半を通じて農村部で抗議行動が頻発した。

農民反乱は、西ヨーロッパ以外の地域でも起こり、しばしば熾烈さを増した。日本では特に15世紀から16世紀にかけて一揆〔訳注　ここでは特に一向一揆を指すものと思われる〕が頻発したが、

1600年に徳川将軍が権力基盤を固めると、これらの騒乱はいったん終息した。[11] メキシコでは蜂起や革命が繰り返されたが、ようやく20世紀前半にスペイン統治時代から続く準封建体制をペオン（貧農）たちが打倒した。彼らは大規模な土地改革を実現したが、その代償として100万人以上が犠牲となった。[12]

圧倒的に農村社会であったロシアでは、17世紀になると農民反乱が日常茶飯事となった。女帝エカチェリーナ2世治下の1773年、エメリヤン・プガチョフ率いるウラル・コサックの反乱が皇帝政権を脅かした。この反乱は、他の550件の反乱と同じく失敗に終わった。しかしその後1917年に農民が蜂起し、レーニンの政権奪取を後押しした。ソビエト政権が集団化のために土地の没収を始めると、財産を愛するムジーク（農民）たちが反乱を起こしたが、容赦なく鎮圧された。[13]

おそらく最も大規模な農民反乱は、1843年に中国で起こった。科挙に何度も落ちた洪秀《ホンシウ》全《チュアン》は、あるキリスト教の小冊子〔訳注　プロテスタントの伝道冊子『勧世良言』〕を読み、そこに書かれたメッセージと夢のなかで見た幻覚とを結びつけて考えた。彼は、三位一体の一部に自らを組み込み〔訳注　自らをヤハウェの子で、キリストの弟と位置づけ〕つつも、十戒を中心とする教義を持つ独自の宗教〔訳注　十款天条〕を編み出し、貧困にあえぐ労働者たちを説いて回った。[14] 洪秀全が起こした太平天国の乱は、満洲族の清朝打倒、土地改革、女性の地位向上、減税、賄賂の撲滅、アヘン貿易の廃止を訴えた。反乱は10年以上かかってようやく鎮圧されたが、その間におびただしい人命が失われた。太平天国の計画の一部は、のちに皇帝政権を打倒する孫文、さらには毛沢東と共産主義者たちによって採用されることとなる。[15]

大量移民への抵抗

ヨーロッパとアメリカを中心とする現代版の農民反乱は、そのほとんどがグローバリゼーションや著しく文化の異なる貧困国からの移民の大量受け入れにたいする反発である。世界全体の国際移民は２０００年の1億７３００万人から、２０１７年には2億５８００万人に膨れ上がり、このうち７８００万人がヨーロッパで、５０００万人がアメリカで暮らしている。[16]

貧困国から富裕国への大量移民は、国家間に著しい貧富の差があるかぎり、ほぼ止めようがないように思われる。ゲイツ財団の調査によると、サハラ以南アフリカ地域では１日１・90ドル以下で生活する極度の貧困状態にある人が地域全体の22％を占めていることがわかった。２０５０年には世界の最貧困層の86％がこの地域に住み、その約半数がナイジェリアとコンゴ民主共和国の二国に住むことになると予測されている。[17] これらの国の極貧層にとっては、国内にいても自分たちの暮らしが良くなる見込みがほとんどないため、危険を賭してでもヨーロッパなどの豊かな地域に行く価値があるように思えるのである。

ヨーロッパ人の多くは、これまで旧植民地を含む貧困国からの移民を歓迎してきた。特に政治的・文化的エリートは、国民のアイデンティティや伝統よりもコスモポリタニズムや「多様性」を重視してきた。トニー・ブレアが提唱した「クール・ブリタニア」は、現代イギリスのアイデンティティの中心的要素として文化的多様性を重視する試みであった[18]。ハーマン・レボヴィッチは、『Bringing the Empire Back Home: France in the Global Age（帝国の奪回――グローバル時代のフランス）』（2004年）〔未邦訳〕で、多文化時代にフランス人であることの意味をどう再定義するかについて考えをめぐらせている。

2015年、ドイツのアンゲラ・メルケル首相（当時）が、戦争で破壊された中東から押し寄せてくる大量の難民や移民に扉を大きく開いたとき、多くの一般ドイツ人は、他のヨーロッパ諸国の大勢の人たちと同様、「おもてなし（Gastfreundschaft《ガストフロイントシャフト》）」の熱意に溢れていた。しかし、その年の暮れには、ドイツだけで100万人近い難民が入国し、一般の人たちの歓迎熱も一挙に冷めた。メルケル首相の決断は、ドイツ人および大多数のヨーロッパ人の不評を買うこととなった[19]。難民の急激な流入が始まってから1年後、ピュー・リサーチ・センターが調査したところ、ヨーロッパ人の59%が移民は自国に負担を強いていると考えており、移民のおかげで住みやすい国になったと答えたのはわずか3分の1であった。またギリシャ人の63%が「移民により環境が悪化した」と回答し、イタリア人の53%も同様の回答を行った[20]。2018年、ピュー・リサーチ・センターによると、イタリア人の7割、ドイツ人の6割近く、スウェーデン人の5割、フランス人とイギリス人の4割が、新しく入ってくる移民の数を減らすかこれ以上増やさないことを望み、移民を増やすことを望んでいるのはわずか1割にすぎなかったという[21]。

メルケル首相の難民受け入れ決定から数年以内に、オランダ、フランス、デンマーク、ノルウェーといった進歩的な国や当のドイツを含むほぼすべてのヨーロッパ諸国が移民規制を強化した。これは主に、多くのヨーロッパ諸国（ハンガリー、ポーランド、オーストリア、フランス、オランダ、スウェーデン、フィンランド、スロバキア、さらに最重要国ドイツ）で高まっているポピュリズム（時には準ファシズム）的な民族主義運動に対抗する狙いがあった。ポピュリズム政党を支持する者の多くは、労働者階級や下層中流階級の人びとであり、彼らは移民がしばしばもたらす混乱や危険にさらされ、概して移民受け入れのための公的費用をより多く負担させられている[22]。国民が寛容であることを長年誇りにしてきたスウェーデンでさえ、犯罪の増加や、以前は同質的であったはずの国でかつてなかったほどの社会的摩擦が起こっていることにたいする怒りが広がっている[23]。

実際の反移民運動のなかには、人種差別的な主張を支持するものもあるが、エリートのグローバル化政策や平均的な市民の抱く懸念への無理解にただ抗っているだけのさほど悪意のないものもある[24]。なかには8世紀にイスラーム教徒の侵略を退けたフランク王国の宮宰カール・マルテルを引き合いに出すなど、中世に触発された運動もある。ドナルド・トランプのファンたちは、からだの前面に十字架の刺繡が入った鎖帷子をまとう十字軍兵士にトランプを見立てたコラージュ画像を公開した[25]。

移民をめぐる対立は、階級の違いではっきりと分かれる。一般に移民の大量受け入れに賛成するエリート層と労働者・中流階級の多数派とでは主張に大きな隔たりがある。フランスのエマニュエル・マクロン大統領は、２０１５年に「難民の到来は経済的な機会をもたらすものであり、（それが）国民に受け入れられていないのは誠に遺憾だ」と発言し、この隔たりを認めている。(26)

「開かれた国境」を経済的なメリットと捉えているのがヨーロッパの政治エリートとするなら、アメリカの企業エリートは、基本的により低賃金で働いてくれる熟練技術者やその他の労働者を積極的に受け入れたいと考えている。特にテックオリガルヒは、海外人材の雇用を望んでいる。シリコンバレーでは、技術系労働者の４割が非市民（noncitizens）で占められている。アメリカ・オンラインの元ＣＥＯスティーブ・ケースは、オートメーション化による中流階級の雇用喪失は移民の起業家や労働者で埋め合わせることができると示唆している。(27) 一部の保守派知識人は、労働者階級のなかの「怠け者」に代わって勤勉な新しい人材が入ってきてくれるほうがよいとすら考えている。(28) トランプ政権にたいする初期の反対運動のなかには、移民を抑制するという彼の方針に焦点を当てたものがあった。(29)

サムウェア族とエニウェア族の対立

開かれた国境を最も強く支持する人びとが、自分たちの世俗的で進歩主義的な価値観を共有しない移民を大量に受け入れているというのは、なんとも皮肉な話ではある。とりわけそれがあてはまるヨーロッパでは、イスラーム諸国からの移民や難民が、同性愛や女性の権利などに関して非常に保守的または反動的な考えを持っていることが多く、なかには女性器切除を支持する者も少なくない。ヨーロッパの政治家やカンタベリー大司教など一部の指導者は、神への冒瀆を禁止するなど、イスラームのシャリーア基準を既存の国内基準に加えて適用することを提案している。[30]

フランスを代表するアラブ研究者の一人であるジル・ケペルは、ヨーロッパに入ってくるムスリムは、宗教に根ざした文化的アイデンティティに「敏感」になりがちであるが、メディアやアカデミズムは、少なくとも土着の国民にとって「アイデンティティの消去」と思える措置を推進する傾向があると指摘している。ヨーロッパ人をはじめとする欧米諸国の人びとは、自分たちの価値観を守るどころか、指導者たちから「あなた方の原理や精神は捨てなさい。これはすでに既定方針なのだから」と言われてきた。[31]この「アイデンティティの消去」は、労働者・中流階級の人びとに広く浸透しているわけではない。

イギリスのジャーナリストであるデイヴィッド・グッドハートは、ナショナルを超えたコスモポリタンな「エニウェア（どこでも）」族と一般に教育水準は低いが国や地域により深く根づいている「サムウェア（どこかに）」族とのあいだの文化的対立について説明している。ヨーロッパのメディアやほとんどの政府高官・企業トップが「どこでも」式の視点を持っているとすれば、首都を除くコスモポリタン度の低い地域の人びとは、国民としてのアイデンティティや地域コミュニティ、宗教および伝統との強いつながりを維持する傾向にある。この分裂が鮮明となったのが、〔２０１６年の〕ブレグジット投票と２０１９年のイギリス総選挙での保守党の大勝であった。[32]

ＥＵからの離脱の是非を問う投票では、「どこかに」所属する強い感情が繰り返し表出した。２０１６年に行われたブレグジット投票に加え、フランス、デンマーク、オランダの有権者は対ＥＵ関係のさらなる進化と拡大に反対の意思を示し、より強いナショナルな「どこかに」所属することを望むという選択を下した。ＥＵ居住者のうち自らをまず第一にヨーロッパ人であると認識している人は10％にも満たず、より強力な国民国家を志向している人は51％もおり、ブリュッセルの権力強化を望んでいる人は35％にとどまっている。[33]

政治・経済エリートが人びとのこうした思いを無視するかぎり、既成政党にたいするポピュリストの反乱は今後も続く可能性が高く、より破壊的になることもありうる。国、宗教、家族の伝統を軽視するエリートは、文化的アイデンティティをめぐる階級間の対立を煽る傾向にある。[34]ジャマイカ生まれのマルクス主義社会学者スチュアート・ホールは、「自由主義《リベラリズム》は文化をバカにしている」と指摘した。[35]

アメリカでは、寡頭支配者と上層有識者たちの唱えるグローバリズムや「開かれた国境」政策への不満が、２０１６年にドナルド・トランプにたいする労働者階級の強い支持につながった。労働組合の有権者の5人に2人、白人男性の絶対多数の投票がトランプの勝利をもたらした。[36]ヨーロッパと同様、トランプは白人の労働者階級や下層中流階級が多く住む地域で最も強く支持されたが、そこはまさにグローバリゼーションによる打撃を最も強く受けた地域でもあった。トランプは、肉体労働にたずさわる人、小さな商店の経営者、工場労働者、物流業界・エネルギー業界で働く人、機械を修理・操作する人、トラック運転手、電力系統の保守管理にあたる作業員たちに最も強くアピールした。ただ少なくとも、白人有権者のうち高学歴の専門技術者のあいだでは最も人気がなかった(37)。

多くの有権者にとって、トランプは「見捨てられていた数百万の人びとの擁護者」であった(38)。ある調査の結果、こうした有権者は、広くアメリカ市民の労働賃金を押し下げる原因とみられている不法移民を排除するための壁の建設よりも、製造業の雇用回復、社会保障とメディケアの保護、保守派最高裁判事の任命などをより重視していることがわかった。トランプは彼自身ビジネスエリート出身であるにもかかわらず、支配者層からはほぼ総スカンを食らった。トランプを支持したのはむしろ、大企業は労働者の福利厚生に無関心だとみている有権者たちであった。ヨーロッパのいくつかのポピュリスト運動と同様、アメリカの右派ポピュリストは、ジェントリ化する以前の左派に特徴的な、階級に基づく〝主張〟(たいてい〝政策〟にまで煮詰まっていない)の多くを採用した(39)。

ポピュリストの反乱にたいする上層有識者グループの反応は、強い嫌悪感を示すものが多かった。『フォーリン・ポリシー』の2016年夏号に掲載されたジェームズ・トラウブの記事は「いまこそエリートは無知な大衆との戦いに立ち上がれ」というタイトルであった。『ニューヨーク・

タイムズ』の記者であったトラウブは、ブレグジットの国民投票やドナルド・トランプの共和党大統領候補者指名獲得（当時）などの動きは、「現代の政治的分裂」が左と右ではなく「分別ある者と無分別に怒る者」との対立であるということを如実に示すものだと主張している。[40]

オバマ政権下で財務長官を務めたローレンス・サマーズは、この問題を鋭敏に捉え、「専門家に脅されて世界市民的《コスモポリタン》な結論を支持しようという人びとの意欲は、ひとまず尽きたようにみえる」と述べている。[41]

人間は何のために存在するのか？

1920年代後半から1930年代前半にかけて、中流階級がプロレタリア化した結果、共産主義、ファシズム、国民社会主義（ナチズム）への支持が広がった。[42] 第二次世界大戦前のヨーロッパと同様、今日も、右派・左派を問わず、人びとは自分たちの置かれた不安定な状況をしばしば金融機関のせいにする。[43] 金融業界への怒りは、2011年から翌年にかけてニューヨークにおける「ウォール街を占拠せよ」運動と多くの「占拠せよ」デモを派生的に生み出した。ごく一部の者に富が集中していることを批判する世界中の抗議者たちが「われわれは99％だ」というスローガンのもとデモ行進に参加した。

現在さまざまな高所得国の若者たちが政治的主流から疎外された結果、極左政党やその候補者にたいする支持が強まっている。[44]２０１７年のフランス大統領選挙では、元トロツキー主義者のジャン＝リュック・メランションが若年層（18〜24歳）の支持を得て、よりはつらつとしたエマニュエル・マクロンにほぼ2対１の差をつけて勝利した。[45]２０１７年のイギリス総選挙では、敗北した労働党のジェレミー・コービン候補でさえ40代以下の投票者の60％以上の票を獲得したが、保守党はわずか23％にとどまった。[46]２０１９年の選挙でも、労働党は大敗を喫したものの、コービンは多くの若者票を獲得した。ドイツでは緑の党が若者たちのあいだで幅広い支持を得ている。[47]

歴史的にマルクス主義の肥沃な大地となることが一度もなかったアメリカでも、若者を中心に強硬な左翼政治をめざす動きが明らかになってきている。[48]２０１６年の予備選挙では、民主社会主義者を公言するバーニー・サンダースが、30歳未満の有権者のあいだでヒラリー・クリントンとドナルド・トランプの合計得票数を軽く上回った。[49]また２０２０年前半の予備選挙では、民主党の他の支持層からは決定的に拒否されながらも、若者やラティーノたちからは非常に高い支持を得た。[50]長らくアメリカで忌み嫌われてきた社会主義への支持が、新しい世代に浸透している。共産主義犠牲者記念財団が２０１６年に行った世論調査によると、アメリカのミレニアル世代の44％が社会主義を支持し、14％がファシズムや共産主義を支持していることがわかった。[51]２０２４年にはミレニアル世代がアメリカ最大の票田となるであろう。[52]

マルクス主義の核心的な教義は、今日の中国において、とりわけ都市に出稼ぎにきた若い世代のあいだで、労働争議を引き起こす誘因となっている。活動家は思いもよらず「社会秩序」を脅かした罪で起訴されることがしばしばある。[53] 共産党幹部は大学のマルクス主義研究会を取り締まるという悩ましい立場に置かれている。というのも、その研究会における労働者階級擁護の主張が、社会主義を標榜する政府の政策と矛盾するという難癖をつけなければならないからである。[54]

民主主義的資本主義社会は、大多数の人びとにより明るい未来をもたらすものでなければならない。その信念がなければ、ポピュリストの強権的指導者《ストロングマン》や徹底的な富の再分配を求める声が強まるのは必然のように思われる。労働者に補助金や給付金を支給する「寡頭制社会主義」であれば、富裕層に支配権を握らせたまま貧困を食い止めることもできるかもしれない。[55] しかしこの問題は、テクノロジー時代において、人間が、それもエリートとしての資格やスキルを持つ人にかぎらず、人間そのものが、本当に存在意義を持つのかどうかという問題にまで行き着く。ケンタッキー州在住の詩人で小説家のウェンデル・ベリーは、この社会に横たわる「大いなる謎」は「人間は何のために存在するのか」ということであると指摘している。「省力化策に絶対的な価値を置く」ことは、人びとの国家への依存を助長する一方、有用な仕事をしたいと望む人の尊厳を奪うことになりかねない。[56]

労働者階級の将来は、私たち全員の関心事であるはずである。もしあまりにも多くの人びとが自分の置かれた状況を良くしたいという希望を失っているのだとしたら、私たちは近い将来、危険な大混乱に直面することになるかもしれない。

第Ⅵ部

新しい封建制の地理学

巨大都市経済が（うまくいっていれば）
常に多くの貧者を中流階級に変え、
多くの無学な人々を技能（あるいは教養さえ）ある人々に変え、
多くの青二才を有能な市民に変えている。
ジェイン・ジェイコブズ『アメリカ大都市の死と生』

都市は中流階級を引き寄せているのではない。
中流階級を生み出しているのだ。
フレッド・シーゲル
『The Future Once Happened Here（かつてここで起こった未来）』

第16章

新しい城塞都市

シカゴの摩天楼ほど、人工的な技巧を凝らしたモダニティに心ときめく光景は他にあるまい。ミシガン湖畔に広がる中心街は全米屈指のビジネス街として多くの企業の本社があり、高度なスキルを持つ人びとが広大なアメリカ中西部から大挙して集まってくる。(1) 建設中のクレーンの数でみると、2017年現在、シカゴはアメリカの主要都市のなかで、テック企業のハブ都市であるシアトルに次いで第2位となっている。(2)

しかし、クレーンやきらびやかなタワーが林立する中心部から少し車を走らせただけで、まったく荒れ果てた風景が目の前に広がってくる。アメリカ初のアフリカ系大統領を輩出した裕福な場所からわずか数分のところにある古い商業地区は、いまはほとんど寂れており、小さな商店やバーベキューレストラン、古くからある教会までもが廃墟と化している。荒れ果ててネズミがうろちょろする土地にはギャングが集まり、高所得国の大都市としてはトップクラスの殺人事件発生率の高さである。[3] 大都市にはよくあることだが、シカゴの犯罪は貧民街にかなり集中している。ある調査によると、都市犯罪の半数が全米の街路のわずか5%のなかで起こっているという。[4]

19世紀後半に活躍し、社会の不正を暴いたジャーナリストのフランク・ノリスは、シカゴを「この国の心臓部」と呼んだ。[5] 今日のシカゴは、本質的に二つの異なる都市に分かれつつある。その3分の1は、地元アナリストのピート・サンダースが「グローバル・シカゴ」と呼ぶ、サンフランシスコ中西部のような都市であり、残る3分の2は、サンダースの故郷である現在のデトロイトのように、その大部分が過疎化した廃墟や危険な犯罪の巣窟と化している。[6]

グローバル化と急速な脱工業化とによって、鉄鋼業、食肉加工業、農機具製造業などに関連する比較的給料の良い仕事が次々になくなっていった。シカゴの製造業はここ15年間で雇用が半減し、いまや近年でも最低水準にある。[7] 一方、中流階級の衰退も進んでいる。1970年にはシカゴ住民の半数が中流階級であったが、イリノイ大学が調査したところ、2019年にその割合は16%にまで縮小した。[8]

かつて都市部に多く住んでいた黒人中流階級の人びとは特に壊滅的な打撃を受けている。彼らのなかには、郊外やよその州に引っ越した者も少なくない。残った者の多くは、半世紀前に都市部にいた黒人中流階級の人びとよりも暮らし向きが悪くなっている。現在シカゴに暮らす20歳から24歳までの人のうち、仕事にも学校にも行っていない人の割合は、黒人が約40%であるのに対し、白人は7%にとどまっている。[9] サウスショア地区で育った『シカゴ・トリビューン』のウィリアム・リー記者は、大規模な人口流出があった後、サウスサイドに残った人びとは「親戚、親友、同級生の姿が消え、コミュニティが崩れてしまい、まるで歓喜が過ぎ去ったあとの生活のようだ」と述べている。[10]

グローバル化と脱工業化によって、世界の多くの大都市はチャンスの集まる場所から、貧富の格差の激しい場所へと変貌を遂げた。[11]今日、パリ、ロンドン、東京、ニューヨーク、サンフランシスコといった世界の大都市は、資産家や高学歴の人にとっては魅力的なところだが、中流・労働者階級にとっては夢も希望もない場所である。社会的上昇を推進するエンジンはすでに失速している。

都市のヒエラルヒー

太古より、都市は多くの人びとに成功への機会を与えてきた。ローマは、野心的な中流階級を育て、彼らは自らの境遇を改善するのにぴったりの環境を都市に見いだした。しかし、帝国の発展とともに大量の奴隷が流入してきたことで、それまで自給自足で暮らしていた多くの農民や職人は、パンを恵んでもらわなければ暮らしていけなくなった。詩人のユウェナリスがローマ人に贈った最良のアドバイスは、「永遠の都」から出ていくのが賢明であるというものであった。[12]

ローマ帝国崩壊後、特にイスラーム教徒による征服と侵略によって富を得るための貿易ルートが断たれてからというもの、都市の文化は悪化した。[13] 都市は城塞と化し、異民族の首長やキリスト教会の権威者たちが城壁に守られながら生活するようになった。しかしながら、何世紀にもわたって、そのような城塞都市は大多数の人びとの生活にはあまり関係がなかった。というのも、中世ヨーロッパの都市居住者は全人口の5％にすぎなかったからである。中世も後半になり、商業が活気を取り戻し、商人階級が台頭してくるにつれ、都市の城壁は人口の増加に合わせて拡張された。[14] 近世に入ると、都市は再び繁栄の源泉となった。

中国の主要都市は、ほとんどが宦官と貴族のためのもので、永遠に下流階級の地位にとどまる人びとが仕えていた。宮廷官僚は一般に商人階級を敵視するか、そうでなければ無視し、商業は学問や農業よりも道徳的に劣るものと考えていた。ヨーロッパと同様、大多数の庶民は城門の外に住んでいた。[15]

工業化とともに、巨万の富が大都市に集中的にもたらされるようになった。もちろん、富裕層が特定の場所に集まる傾向はいつの時代も同じである。19世紀、ロックフェラー家が故郷のクリーブランドからニューヨークに移ってきた話はよく知られている。ビアード夫妻〔チャールズ＆メアリー〕が「最も強力な蓄財の中心地」と呼んだこの都市には、ロックフェラー家以外にも多くの富豪が富をもたらし、周辺に暮らす貧困層とはかけ離れた豪華な生活を送った。[16] 世界的にみると、今日の億万長者は、ニューヨークをはじめ、サンフランシスコ、モスクワ、東京、上海、ムンバイ、北京、シンガポール、ロンドン、パリといった限られた都市に集まっている。これらを含む世界の主要15都市を合わせると、地球上の総資産のほぼ11％を占めることとなる。[17]

これらの「超一流都市」では二分化（bifurcation）が進みつつある。寡頭支配者や上層有識者たちは高級化した都市の中心部に住み、それを取り囲む周辺部では、財産もなく、しばしば窮乏に陥る大衆が生活している。[18]アメリカでもヨーロッパでも、エリートが住む都心部は、大都市圏のごく一部にすぎない。フランスでは、人口の6割以上の人びとが、郊外や地方都市、小規模の町、農村地域など、ますます顧みられなくなっている周辺部に暮らしている。[19]

新しい都市のパラダイムは、元ニューヨーク市長のマイケル・ブルームバーグが名付けた「ラグジュアリー都市」であり、大富豪仲間の好みに合わせてつくられる。[20]しかし、いざその堂々たる都市の内側をのぞいてみると、階級、教育、時には人種によるはっきりとした分断が生じている。富裕層は安全で高級化されたエリアに住み、貧困層やマイノリティはその大半が寂れた周辺地域に追いやられている。新しい封建的未来都市のヴィジョンは明瞭である。都市の中心部にベスト・アンド・ブライテストと呼ばれる超一流の人材が自然と集まり、郊外の周辺部や小規模の市や町に住む人びとは苦難の多い人生を歩むことを運命づけられるというものだ。[21]

アメリカ主要都市の二分化

大都市はもはや社会的上昇のための拠点ではなくなり、最初から富裕層を強く引き寄せる磁場と化している。いまやパリ、ロンドン、東京、ニューヨーク、サンフランシスコといった都市に移り住むことのできる労働者・中流階級の家庭はほとんどない。かつて都市で暮らしていた人びとの多くは、シカゴの黒人中流階級のように、自分の将来を切り開こうと他の場所に移っていった。なおも大都市で働く人びとの多くは、耐えがたいほど長い時間をかけて通勤することを余儀なくされている。[22] 中流階級が減少するにつれ、生計を都市に依存しながらも辛うじて生活している都市部の人びとが取り残されている。マスメディアの記者や政治家たちは、街に新しくできた高級レストランや流行のアートギャラリーに夢中でいられるだけの余裕があるのかもしれないが、都心部にはまだ多くの貧民街が残っており、貧困率は郊外と比べて65％以上も高い。[23]

アメリカの大都市は概して包摂性のある経済成長をもたらしていない。[24] その結果、いまやメキシコ以上に不平等な状態にあることが最近の研究から明らかになっている。[25] アメリカの主要53都市について、全世帯を五等分した所得五分位階級別にみたとき、最上位所得層と最下位所得層のあいだの格差が最大なのは、サンフランシスコ、ニューヨーク、サンノゼ、ロサンゼルス、ボストンといった名だたる都市である。[26] 財政政策研究所の調べによると、ニューヨーク市を一つの国家とみなすと、不平等レベルは134カ国中第15位で、チリとホンジュラスのあいだに位置するという。またニューヨーク市の子どもの約25％が貧困状態にあり、周辺地域の子どもと比べるとその割合は2倍以上である。[27]

テックオリガルヒが好んで住むサンフランシスコのベイエリアほど、都市の階級格差がはっきりしているところはない。テックブームから20年余り経った現在、サンフランシスコ市では4割近い家庭が「生活苦」に陥っている。賃金や雇用機会は、白人が多く住む裕福な地区では急増したが、マイノリティが多く住む地域では低下した。[28] 住宅価格の高騰により、労働者階級や中流階級の多くは、勤務地から数時間もかかる遠方に追いやられている。住民のなかには、友人宅のソファーや車の中で寝起きする人や、気の毒なことに住む家がなく野宿をする人も増えている。サンフランシスコは、一人当たりの財産犯罪率が全米で最も高い都市でもある。[29] こうした傾向は、ベイエリアの他の地域、特にシリコンバレーにも及んでいる。カリフォルニア大学バークレー校の調査によると、ベイエリアの低所得者コミュニティの半数以上の人びとが集団移転を迫られる危機に瀕しているという。[30]

世界主要都市の二分化

同じようなパターンは、世界の大都市でもみられる。歴史的に平等主義を重んじてきた都市トロントですら二分化の傾向にある。1970年にはトロント市全体の3分の2を占めていた中所得者層が2001年には3分の1にまで減少し、一方で貧困地区は2倍以上に増えて市の4割を占めるまでになった。トロント大学の研究者たちが2007年に示した予測によると、2020年までに中流階級の居住区は市内の1割以下にまで減少し、残りはごく一部が富裕層の居住区

となるが、圧倒的に多いのは「極低所得者層」の居住区になるという。(31)

このパターンはイギリスではさらに顕著で、ロンドンへの富の集中が激しく進んでいる。歴史家のピーター・マンドラーは、「富と才能のほとんどがロンドンに集積してしまうまでは、あたかもイギリス全体がひっくり返され、絶えず揺れ動いているように感じられた」と述べている。コックニー〔訳注　ロンドンっ子〕や戦後社会主義の故郷ロンドンは、もはや労働者・中流階級の憧れの都ではなくなり、いまや投資家とその子弟、高学歴の専門技術者たちのために存在しているようなものである。彼らはハックニー〔訳注　イーストロンドンにある最貧困地区の一つ〕のような伝統的にブルーカラーが多く住む地域を乗っ取らんとする勢いにある。(32) 現在、ロンドンの32の自治区のうち、所得が中央値の人でも居住できる自治区はわずか3つしかない。世界の最富裕層の多くがロンドンに住んでいるが、ロンドンの全自治区のうちの4つがイングランドで最も貧しい20の自治区に含まれ、ロンドン市民の27%が貧困状態で暮らしている。(33)

ロンドンの二極化した経済状況は、〝超一流〟都市の典型的な現象である。オスロ、アムステルダム、アテネ、ブダペスト、マドリード、オスロ、プラハ、リガ、ストックホルム、タリン、ウィーン、ヴィリニュスといったヨーロッパの他の主要都市も、社会階層の上位と下位のあいだの格差の拡大という問題を抱えている。(34)

開発途上国やヨーロッパのあまり裕福でない地域からの大量の移民は、都市の二極化に拍車をかけている。土着の労働者・中流階級が都市周辺部に移住するのと入れ替わりに、移民とその子孫が都市中心部に押し寄せている。彼らはサービス業などの下級職に就くことが多い。人口統計学者のミシェル・トリバラによると、フランスでは、大都市の人口に占める外国生まれの若者の割合は35％にも達するという。[35] 移民（多くはヨーロッパ域外出身者）の割合は、ロンドンの人口の37％、ブリュッセル、チューリヒ、ジュネーブでは40％以上である。[36]

経済成長が鈍化し、脱工業化が急速に進むなか、今日の移民は過去の移民とは異なり、中流階級への階段を駆け上がれるような仕事を確保することが困難となっている。[37] 大量移民の流入は、一部の人たちが期待したような活気ある多文化的な未来をもたらすことはなかった。むしろ、19世紀のヨーロッパの大都市を特徴づけていた極貧と社会的無秩序を蘇らせたのである。歴史的中心地に近い大都市でさえ、街のあちこちに落書きが目立ち、行き場をなくした大勢の若者たちが街角をうろつくようになった。[38]

ヨーロッパの主要都市では、移民の多い地域で発生する犯罪が大きな社会問題となっている。かつては治安が良く秩序が保たれていることでよく知られていたストックホルムのような都市でも、ここ10年で犯罪が激増しているが、この傾向は新しい移民の急増とともに強まっていることが多くの公式データから明らかとなっている。[39] ある指標によると、ヨーロッパの多文化都市ロンドンは、ニューヨークと比べて殺人事件の件数は少ないものの、犯罪率は高くなっている。[40]

高密度化とジェントリフィケーション

大都市の社会構造は、都市の景観を高級志向でデザインし直す取り組みが行われることで、さらなるひずみが生じている。多くの都市では「高密度化（densification）」〔訳注　中高層ビルが密集して建設される都市形態〕の推進により、手頃な価格の中古アパートや戸建て住宅に代わって、富裕層の単身者や子どものいないカップル向けに高級マンションが建設されることが多い。たとえば、ロサンゼルスにはかつて中流家庭向けの住宅が溢れていたが、セントラルLA周辺など一部の地域では、持ち家率が大幅に低下している。中流階級や労働者階級の家族（その多くはマイノリティ）は、ヒップスター〔訳注　社会とうまく折り合いがとれずに、気の合う者同士としかつき合わない人〕に住む場所を奪われ、しばしば周辺地域に追いやられている。[41]

ジェイン・ジェイコブズは、ニューヨークのコミュニティが持つ堅固さと「留《とど》まる力（staying power）」について熱く語っている。[42] しかし、マンハッタン、ロサンゼルス西部、サンフランシスコ、ロンドン中心部、パリなどでは、そうしたコミュニティの社会的バラスト（安定器）として機能する中流家庭が姿を消しつつある。これは単に市場原理の結果と考えれば済む話ではなく、都市の政界・経済界のリーダーたちが推し進めてきた計画の結果でもある。彼らはエリート企業やグローバルな富裕層、高学歴の人材を誘致するために、しばしば貧困層や中流階級を都市の外に追いやるような政策を採用している[43]。

シカゴに長年在住する都市アナリストのアーロン・レンは、シカゴでは中流階級や低所得者層、多数の黒人住民など幅広い層の人口が減少し、メキシコからの移民も「激減」していると指摘したうえで、次のように述べている。

これらの現象はどれ一つとっても、シカゴの富裕階級を悲しませることにはなりそうもない。案の定、黒人の人口減少に警鐘を鳴らしたり、市に対策を講じるよう訴えたりする声はどこからも聞こえてこない。もっとはっきり言えば、市当局の不適切な取り締まりが、黒人を追い出す一因となっているようだ。要するに、黒人の人口減少は事実上の公共政策なのである[44]。

これは「ジェントリフィケーション（高級化、富裕層化）」と呼ばれるようになったプロセスの一部であるが、この言葉は1960年代半ばのロンドンに起源を持つ[45]。当初は無計画だったが、時を経るうちに、インフラや教育の改善、長期的な中流階級の雇用創出に充てるはずだった資金を流用し、芸術地区や文化施設、スポーツ施設などを柱に据えて都市中心部を建て直すことが設計上の課題となった[46]。その結果、都市の文化的特徴や面白さの多くが失われた。新しい都市景観は、高所得国の主要都市でよく目にする、同じような街並み、同じような店舗、同じような人びとが集まる、驚くほど似たり寄ったりのものとなっている[47]。

こうしたジェントリフィケーションは、多くの人にとって生活の質の低下を意味する。実際、現在ロンドンに造られつつある都市環境は、「第二次世界大戦後に思い描かれていた社会民主主義」とは似ても似つかぬものとなっており、ヴィクトリア朝時代の二分された都市にそっくりだと指摘しているのが社会主義作家のジェームズ・ハートフィールドである。[48] 生活コストがバカ高い首都ロンドンに留まることを選んだ人のなかには、改造されたバスルームや庭小屋、古い二階建てバスで暮らすことになった人もいる。2018年にはイギリス全土で、恒久的な住居を持たずに暮らしている人がおよそ32万人もおり、その数は増加の一途をたどっている。将来的に住民は輸送用の木箱や水管で生活しなければならなくなると指摘する未来都市の予言者すらいる。[49]

名目上は社会主義国である中国ですら、「グローバル都市」を建設するために、古くからある都市の居住区が物理的に破壊され、そこで暮らしていた住民は全員強制退去させられた。マギー・シェン・キングの小説『An Excess Male（増えすぎた男性）』（2017年）〔未邦訳〕は、数年後の未来という設定で、北京に長年住む人物が、かつて首都でよくみかけた胡同《フートン》（横丁）の古い建物が無残に破壊され、住民が立ち退《の》かされたことを思い出す場面が描かれている。

8車線や10車線の堂々たる大通りが市内を縦横無尽に走っています〔中略〕これを建設するためにどれほどの財産が接収され、生活が破壊され、ひどいときには命を絶たれた人がいたことか。ここを歩いていると、あのときの情景がついつい思い出されてしまうのです。いま目の前では、窮屈な積み重ね式のボックスに押し込められるように暮らしている庶民が、開放的な空気やゆったりと散歩できる空間を求めて、公園や眺めのよい通りに繰り出してきています。指導者であれば、この壮大な見世物を楽しむことができるのかもしれません。[50]

「創造階級」から「新しい都市危機」まで

世界中の多くの都市の指導者が以前から抱いている大きな関心事は、都市理論家のリチャード・フロリダが「創造階級（creative class）」と呼んだ若くて教養のある専門技術者に自分の都市の魅力を知ってもらうことである。[51] そうした専門技術者は都市に富と経済的優位性をもたらしてくれるにちがいない。だが、彼らのほとんどは独身か子どものいない既婚者であり、中流階級や労働者階級が経済的豊かさを享受できるような安定した、家族主体の歴史都市コミュニティを再建してくれそうもない。

最も人気のある都市に大金持ちが集まってくるのは当然だが、「創造階級」の多くの若者もまた都市の魅力に惹かれて集まってくる。ただし彼らは、いつか住宅を購入し、子どもを持ちたいという夢もあるため、物価の高い都市に長く居つづける経済的余裕はない。[52] ある調査によると、大学時代に借金をした平均的なミレニアル世代が、サンフランシスコ都市圏で住宅を購入するための頭金を貯めるには最低でも27年かかるという。[53] エリート都市に移り住む若者の多くは、自分の人生の「都市生活時代」を満喫したのち他の場所へ引っ越すという短期滞在者である場合が多い。米国勢調査局によると、都心部の住民は同じ場所に平均2年半しか住まないのに対し、郊外居住者は平均で約7年間住みつづけるという。[54]

ニューヨークのようなエリート都市は、中所得層（特に子持ちの住民）が大量に流出していることを考えると、もはやジェイン・ジェイコブズが愛情を込めて描いた歓迎すべき都市の隠れ家（urban havens）とは似ても似つかぬ場所になっている。[55] 中流階級の都市住民が都心部に自分たちの居場所を取り戻せるという彼女の希望は非現実的なものに思える。

いまから数十年前に全米都市連合が指摘したように、都市再生プログラムは概して何らかの総合的な経済利益を都市にもたらすが、その代償として「新しい都市奴隷となる人びとの困窮、苛立ち、怒り」をも生み出す。[56] 今日、大都市は富裕層と高学歴者を引き寄せ、貧困層の住民は周辺部に追いやられ、その中間がほとんどがら空きの状態が続いている。[57] その結果、「格差の拡大、経済的分離〔訳注　貧富による住み分けなど〕の深化、ますます手が届かなくなる住宅」が生まれることとなる。リチャード・フロリダはこれを「新しい都市危機（new urban crisis）」と表現している。[58]

都市の「魅惑ゾーン（glamour zone）」から外れた場所に住む人のなかには「罠にはめられた」「自分は機会を与えてもらえない都市システムの犠牲者だ」と感じる人たちもいる。オンタリオ、ベルリン、サンフランシスコ、ロサンゼルス、アトランタ、ニューオリンズなど、多くの都市でジェントリフィケーションにたいする反発が起こっている。[59] 超富裕層（gentrifiers）を撃退するための戦術として破壊行為や放火すら行われている。[60]

シカゴのケンウッド・オークランド・コミュニティ協会の幹部ジャワンザ・マローンによると、市の指導者たちはハイエンド経済と不動産投機を優先する一方で、一部の地域を故意に無視しているという。「自然にそうなっているんじゃない。わざとそうしているんだ」とマローンは主張する。市政府や民間部門が特定の地域に投資しないのは、その地域が「市にとって重要でないと認識されている」ことの証しである。「ここの住民はそれほど重要ではないというシグナルなのだ[61]」。

第17章 新しい封建都市の精神

ルネ・デカルトは、17世紀の都市アムステルダムを「可能性の目録」と表現している[1]。中世後期から近代にかけて発展した多くの都市は、経済的に豊かな中流階級を育む土壌となった。産業革命が新たに著しい不公平を生むと、労働組合や中流階級の改良主義者による圧力で、衛生設備や交通システム、公園の造成など、都市の整備が進められていった[2]。

中流階級が縮小しつつある今日の都市世界は、産業資本主義時代の象徴である社会的上昇のエンジンとしての理想的な都市の姿とは大きくかけ離れている[3]。教師、消防士、警察官など、都市の運営を支えている人びとのなかには、しばしば都市に住む経済的余裕のない人もいる。技術者、建設労働者、機械工など、多くの熟練ブルーカラーも同様で、物価の高い都市に彼らの居場所はなくなりつつある[4]。そういった職業に就いている人の多くは、都市で暮らせば高い賃金や利便性を得られるものの、それをはるかに上回るコストがかかることに気づいている[5]。

同時に、高所得国の小さな市や町では経済的機会が減少している（ただし、オンラインワークの増加により、この傾向は緩やかになるかもしれない[6]）。日本では、主に子どものいない専門技術者は、超高コストで人口過密な都心部に集まり、非常に窮屈な家に住んでいる場合が多い。一方、空き家問題に詳しい不動産専門家の牧野知弘氏によると、小規模の都市や郊外の多くは衰退しつつあり、「東京はいずれいくつものデトロイトに囲まれることになるかもしれない」という[7]。

都市のステータスによって階級を分けている最も顕著な例は、中国の「二元的」な戸口類型システム〔訳注　「二元戸籍制度」と呼ばれる〕であろう。「戸口」制度のもとでは、相続によって都市居住権を持たない者は、たとえ都市に機会を求めても、常にその地位は劣り、保護されることもない[8]。現代中国のＳＦで最もよくみられるテーマの一つが、都市世界における硬直した階級間の分断である。たとえば、郝景芳《ハオジンファン》の「北京　折りたたみの都市」（２０１９年、原書は２０１４年）〔『郝景芳短篇集』に収録〕が描く巨大都市では、エリート層、中間層、大多数の貧困層とそれぞれのコミュニティにはっきりと分かれ、貧困層は都市から出る廃棄物のリサイクルを中心に生活している[9]。この未来像は、毛沢東主義の理想から驚くほどかけ離れている。

二極化するグローバルシティ

途上国で無秩序・無計画に拡大するメガシティは、人口増加や経済的ダイナミズムにもかかわらず、強固な中流階級を育てるには至っていない。[10] 権力と金は、都会のごく一部のエリート地区に過度に集中する傾向があり、中流階級や労働者階級にもたらされる機会も限られる。メキシコ革命から1世紀を経た現在でも、メキシコシティは少数の富裕層が居住する地区と200万人以上の人が掘立小屋で暮らしているシウダー・ネツァワルコヨトル〔訳注　メヒコ州にある人口100万人を超える都市〕のような多数のスラム地区からなっている。[11]

インドをはじめとする多くの国では、寡頭支配層と幅広い人脈を持つ専門技術者たちが都心とその周辺に集中して住んでおり、地方からの移住者はスラムに暮らすしかないのが現状である。ムンバイでは1971年当時、住民の6人に1人がスラムに住んでいたが、いまやその数は過半数に達している。都市生活の夢は、当初移住者が期待していたとおりには実現していない。ムンバイの平均寿命は現在57歳で、全国平均を7歳近く下回っている。[12]

急速に発展しているいくつかの大都市の指導者たちは、富裕層や高学歴の住民を受け入れるための特別な空間をつくり出そうとしている。メキシコシティのサンタフェ、ムンバイのバンドラ・クルラ、マニラのオルティガス、サンパウロのルイス・ベリーニといった地区は、高所得国の都市によくみられる住宅や商業施設の開発とそっくりである。[13] これらの地区では、インドの実業家ラジブ・デサイが「都市のVIPゾーン」と呼んだように、欧米を模倣した高級店、ホテル、オフィスタワーが立ち並び、その周囲には広大なスラム街が形成されている。[14] 都市社会学者のサスキア・サッセンは、「サンパウロのエリートもマニラのエリートも、ニューヨークやパリのエリートたちと思いのほか違和感なくつながる新しい中心性の地理学（geography of centrality）を共有している」と主張する。いまや世界の大部分は「都市の魅惑ゾーンと都市のスラム街」のあいだで分断されているのである。[15]

魅惑ゾーンの外側には、郊外に無計画に増殖したにわかづくりのファヴェーラ（貧民街）が広がっている。シカゴのサウスサイド居住者のように、「ＶＩＰゾーン」の外で生活する都市住民は、グローバル経済の恩恵を受けていない。たとえば、社会学者のＲ・Ｍ・シャルマが指摘するように、人びとが語る「輝けるインド」のなかに大多数のインド人は含まれていない。「われわれは問わねばならない。〝輝けるインド〟は誰のためのものなのかと」。[16]

子どものいない未来都市

新しい封建都市のもう一つの特徴は、子どもと家族の不足である。香港、ロンドン、ニューヨーク、ロサンゼルス、ベルリン、東京といった大都市では、住民全体に占める家族（世帯）の割合が例外的に低い。[17] 現在アメリカの出生率は全国的に（特に大都市で）歴史的低水準にある。[18] ２０１１年から２０１９年までのあいだにマンハッタン地区で毎年生まれる子どもの数は15％近く減少し、ニューヨーク市全体では９％減少した。この全米屈指の都心部では、今後30年間で乳幼児人口が半減する可能性がある。[19] 高級化地区（ジェントリフィケーションされた地区）における非家族世帯（nonfamily household）〔訳注　肉親でない者と同居する世帯〕の割合は市全体のそれの3倍の速さで増加している。[20]　ニュースウェブサイト「アクシオス（Axios）」のフィーチャー・エディターであるスティーヴ・ルヴァインは、将来的に地元の優先事項が変われば、「子どもたちを都市生活から永久に締め出すおそれがある」と書いている。[21]

世界有数の人口密度の高い富裕都市である香港では、女性の3分の2が「子どもは1人でい い」もしくは「子どもはいらない」と考えており、その主な理由に住宅価格の高さと生活苦を挙げている。[22]　北京や上海など中国の主要都市の出生率は世界でも最低水準にあり、人口置換水準の3分の1程度にとどまっている。[23]

新しい封建都市の秩序は、子どもを持つことへの嫌悪感だけでなく、異性と関係を持つことの難しさも助長しているようである。日本では30代の男性の約3分の1が性行為を経験したことがなく、50歳になっても未婚の男性が4分の1を占めている。[24]　こうしたセックス不況（sex recession）は、香港で有名な湾仔《ワンチャイ》のような「赤線」地帯にも影響を与え、風俗業の衰退に伴って、高級ヒップスター地区〔訳注　流行に敏感な地区〕に生まれ変わろうとしている。[25]　中国の若い男性は社会的孤立者が多いことから、共産党や一部の民間会社が女性にアプローチする方法を教えている。こうした試みは他の地域でもみられる。「問題は、結婚させることでも、子どもをつくらせることでもありません」とシンガポールのある研究者は語る。「彼らはデートさえしないのですからね」。[26]

これは明らかに現代都市生活の産物といえるが、中国ではかつての一人っ子政策が、男児を強く求める文化と相まって、この問題をさらに悪化させ、人口学的課題となっている。現在、若い未婚男性が大量に余っているが、彼らの多くは結婚に二の足を踏む事情を抱えている。自家用車や結婚後に住む家のない男は「剰男《シェンナン》」〔訳注　売れ残りの男性〕となり、「光棍《グアングン》」〔訳注　独身者〕とか、「枯れ枝」（一族の血筋を絶やしてしまう存在）などと呼ばれるようになる可能性が高い。陝西省にある西安交通大学人口与発展研究所所長の李樹茁《リーシュージュオ》教授は、将来「何百万人もの男性が結婚できなくなり、社会にとって非常に大きなリスクとなりうる」と警鐘を鳴らす[27]。

中流階級と郊外

工業時代には都市が過密化したため、中流階級は都心を去り、拡大する周辺部の衛星地区に定住するようになった。H・G・ウェルズは、旧市街地が「本質的にバザールであり、商店や集会所や待ち合わせ場所の巨大な回廊であり、歩行者天国であり、通路はリフトや移動デッキで補強され、天候の影響を受けず、全体的にとても広々として、華やかで、娯楽性に富むものが集結した場所」になると予見した。中心街の外側には「昔の村や田舎町を復元した」機能を持つ「郊外の拠点」があり、多くの人が必要なサービスを近くで受けられ、人びとが自分のスキルを有効に活用できる機会が得られる[28]。こうした近郊地区に住めば、中流階級は成長し、経済的繁栄を享受することもできる。
エンゲルスやウェルズのような急進論者《ラディカルズ》を含むヴィクトリア朝やエドワード朝の時代に活躍した改良主義者の多くは、都市を外側に向けて拡張していくことを支持した。同じようにトーマス・カーライルやエベネザー・ハワードのような保守的な人物も、中流・労働者階級に混雑したインナーシティ（都心周辺部）に代わる場所を提供したいと考えた。[29] アメリカでは、建築家フランク・ロイド・ライトが「ブロードエーカー・シティ」と呼んだ、庶民でも住宅と土地を所有できる都市を構想していた。ライトは古くからある都市論の常識を捨て、現代ではわざわざ人口過密都市を開発する必要はないと主張した。[30]
イギリスでは1850年代に都市の拡散化と郊外化が始まったが、第二次世界大戦後に兵士が帰還してくるとその動きは急激に加速した。その結果、貴族でない者でも最新の快適な暮らしを享受できるようになった。[31] ロンドン郊外の人口密度の低い周辺都市ミルトン・ケインズのようなところであれば、中流階級はたとえ人口が増えても、安全とプライバシーが守られ、芝生のある自宅を持てるようになる。そこでは車が中心となることから、都市計画家や環境活動家からすれば、いろいろケチをつけたい面はあるかもしれない。だが、そのような都市はごく平凡な理由で成功していると都市史家のマーク・クラプソンは指摘する。それは、整然とした住宅と緑に囲まれた憧れの「イングランド人らしさ」を体現する風景があるから、というものである。ミルトン・ケインズには現在20万人を超える人が住んでおり、庭付きで、買い物に便利で、ロンドンへも電車で簡単に行くことができる。このような地域には、専門技術職、熟練工、肉体労働者などが共生し、非常に多様な人たちが暮らしている。映画監督のジョン・ブアマンは、南ロンドン郊外で過ごした幼少期に思いを馳せつつ、「この半独立的な郊外の発展という密かな社会革命がかつてあっただろうか」と問うている。[32]

郊外化と高密度化の戦い

カナダ、オーストラリア、アメリカを含むほとんどの高所得国では、いまだに郊外に居を構えるのが主流である。[33]住宅を購入する35歳以下のアメリカ人のうち5分の4が戸建てを選んでいる。全米不動産協会の最近の報告書によると、都市部の居住者を含むアメリカ人の成人のうち66％以上が郊外に家を持ちたいと考えていることがわかった。[34]２０１０年以降、１８０万人が大都市圏の中核郡を離れ、主に戸建てが主流の人口密度の低い郡に引っ越している。[35]

郊外人気は衰えていないが、都市計画家、学者、評論家たちは、郊外居住者のライフスタイルをあざ笑っている。オーストラリアの都市学者で建築評論家のエリザベス・ファレリーは「郊外は退屈の象徴です。むろん、退屈で、平凡で、ありきたりな生活がお好きな方もいらっしゃるのでしょうが」と述べ、さらに「たとえ彼らの住む郊外が世界を破壊することになるとしても、彼らと一緒に喜んであげたい」と皮肉っている。[36]ファレリーは、緑豊かな「グローバルシティ」建設のための高密度化を主張する一人である。しかし大多数のオーストラリア人は、アメリカ人と同様、「詰め込み」との批判もあるその案にはあまり乗り気でなさそうである。[37]

都市の高密度化を推進する活動家のなかには、明らかに大衆が喜びそうなものにたいして道徳的な目的意識から反対する者もある。環境関連の主張が最も一般的だが、戸建て住宅地はかつて白人が圧倒的に多く住んでいたため、本質的に人種差別的な地域だと主張する者もいる。これは、シアトルやミネアポリスなどの都市において戸建て住宅地のゾーニング（区割り）に反対する動きの中心となった考え方である。[38]

所有権や家族のプライバシーという考え方自体を嫌がる人もいる。カリフォルニアの高密度化推進ロビーＹＩＭＢＹのヴィクトリア・フィアースは、「集団主義の促進」を理由の一つに挙げて、都市の高密度化に賛成している。[39] もちろんこれは、いまはなき大国ソ連にみられた正統理論を彷彿とさせるものがある。１９５７年、モスクワ大学の何人かの建築家が「マルクス主義の具体的な空間課題」の策定に着手し、小型アパートを公共交通機関の近くに密集させて建設し、職場との距離を近づけることを重視した。アレクセイ・グトノフらの計画は、のちにイタリア語版、次いで英語版『The Ideal Communist City（理想の共産主義都市）』（１９６８年）〔未邦訳〕として出版された。グトノフは郊外の魅力を認めつつも、平等と社会管理を優先する社会にとっては不向きだとしてこれを否定した。[40]

今日、都市形態を決定しているのは、高額な家賃をむしり取ろうとしている金融貴族の一派と有識者たちである。建築史家のロバート・ブルーグマンが述べているように、都市計画家は昔から中流階級の郊外生活への憧れを無視し、軽んじてきた。加えて、彼らの動機は大概「階級が基準」となっており、ヒエラルヒーが明確に存在し、社会的上昇の機会や上流階級以外の人びとの境遇を改善する機会が制限されていた前近代のパターンを復活させようとしている[41]。

郊外居住者のライフスタイルを攻撃することは、事実上、中流階級を社会的に崩壊させることを意味する。中所得者世帯が都心から締め出されているにもかかわらず、都市計画家たちは、大多数の人が実際に望ましいと考えている代替案を封じようとしているのである。

第18章 全体主義的未来都市

新しい都市のパラダイムは、地方自治、階級の多様性、財産所有の拡大などよりも、効率と中央管理を重視する。私たちの商業文化を支配し、私たちの感情を操作して利潤の獲得を図り、私たちの子どもの行動に影響を及ぼしているのと同じ寡頭支配層〔訳注　ここでは特に「テックオリガルヒ」と呼ばれる巨大テック企業〕が、私たちの生活環境まで組織化しようとしている。(1)

Yコンビネーター、リフト、シスコ、グーグル、フェイスブックといった大手テック企業は、いわゆる「スマートシティ」の建設をめざしている。都市サービスの効率を向上させる手段として推進されているスマートシティ計画は、テックオリガルヒがより多くの広告を売るだけでなく、私たちの生活を監視する機会を増やすことにもなる。スマートシティが実現すれば、都市の有機的発展を待つまでもなく、私たちの活動を合理化し、私たちの生活様式を管理するために設計されたアルゴリズムに基づいて都市を運営する体制が整うこととなる。(2)

この未来都市のヴィジョンは、テックオリガルヒの信念に訴えるものがある。すなわち、自分たちの使命はただ単に顧客のニーズや欲求に応えて金を稼ぐことではなく、「世界を変える」ことにあるという信念である。都市景観において「世界を変える」とは、古い物理的・社会的構造を廃し、未来学者ウィリアム・ミッチェルの言う「ビットの都市（a city of bits）」に置き換えることである。私たちがこれまで理解してきた都市はもはや過去のものとなり、すべてがデジタルコードで決定される「電子的に拡張された環境」が出現する。ハイテク・メトロポリスはごく限られた場所への富の集中を強化するとミッチェルは予言的に語っている[3]。

デジタル都市は、新しい封建制秩序におあつらえ向きである。新しい都市農奴階級は、狭いアパートに押し込められ、時々来る仕事を受け、多くの場合、国から支給される補助金や「生活扶助」への依存から抜けられなくなる[4]。自分でテクノロジーを所有し操作するか、アルゴリズムを作成するのでないかぎり、人間はコンピューター化された都市における傍観者のような存在になり果てる。それはまるで、ローマ帝国の平民が奴隷労働者に仕事を奪われたようなものである。機械が人間に尽くすのではなく、人間がほとんど機械のために存在するようになる。ユニバーシティ・カレッジ・ロンドン高度空間分析センターのアンドリュー・ハドソン゠スミスは、「ミツバチは花の受粉を助けるために地球上に存在しており、人間は機械を製造するためにここにいるのだろう」と述べている。「都市型ロボットはまだ登場しはじめたばかりだが、200年後には、機械が都市形態を管理するようになるかもしれない。都市は一つに統合された巨大な都市機械となり、地球上での人間の役割は終わる」[5]。

思いやりのある封建制

この新しい都市形態は、インターネット創業者の多くが抱いていた信念に見事に合致している。「格差の拡大は避けられぬ。それは技術進歩の当然の代償なのだ」という信念である。シリコンバレーは郊外が発展した地域だが、いまや多くのテックリーダーたちが「都市化は道徳的命令だ」と信じるようになったとライターのグレッグ・フェレンスタインは書いている[6]。郊外のガレージで事業を起こすことが、気難しい発明家や起業家の個人主義を象徴しているとすれば、未来のシリコンバレーは、より社畜化し管理された労働者のための高密度な集合住宅が特徴となるであろう[7]。

フェイスブック、リフト、セールスフォース、スクエア、X(旧ツイッター)、イェルプ、グーグルなどのテック企業にとって、従業員が住むアパートに関心を向けることは理にかなっている。というのも、それらのテック企業は、まだ若く子どものいない従業員に依存しているからである[8]。彼らの都市生活の経験は、個々人を一人前の大人として自立させ、家族形成へと駆り立てるものとはならない。むしろフェレンスタインが指摘するように、「できるだけ大学時代の経験に近い生活」、いわば青年期の延長を再現するものとなるのである[9]。

職場の近くにある家族で住むのに適した伝統的な住宅は、富裕層以外には手が出せないため、大半のテック企業の従業員はおそらく30代になっても寮のようなところで暮らすことになる。彼らの給与は平均よりは上かもしれないが、多くの場合、通常のアパートに住むことはもちろん、ましてや一軒家を購入できるほどの高給取りではない[10]。インフレを考慮すると、平均的なプログラマーの収入額は1998年当時とほとんど変わらない[11]。しかし住宅コストが高騰しすぎて、ほとんどの人が賃貸住宅から抜け出せずにいる。都市計画家は、高密度化すれば住宅コストは下がると主張してきたが、実際には高密度住宅は1平方フィートあたりのコストがはるかに高くなる傾向があり、また多くの大都市に関わる規制を遵守するために負担する追加コストも発生する。都心部にはより多くの住宅が建設されるかもしれないが、それはたいてい高価格物件であり、家族で暮らすには狭すぎるものが多い[12]。

一方、大半のテックオリガルヒたちは、ベイエリアのやたらと値の張る閑静な郊外に住むか、田舎の物件を手に入れて、いつでも自由に使えるようにしている[13]。これらは彼らが雇っている多くの従業員、特に若い従業員にとっては考えられない選択肢かもしれない。『ガーディアン』は、オフィスの近くに高密度の集合住宅を建設するグーグルの動きを「思いやりのある封建制（well-wishing feudalism)」と皮肉っている[14]。

企業城下町かディストピアか？

テック業界の大領主が建設する都市はどのようなものになるのだろうか。戦後のアメリカやイギリスのように郊外が拡大するのではなく、紡績工場を中心としたマサチューセッツ州ローウェルの街やイリノイ州のプルマン・タウンのような昔の企業城下町に近いものになるにちがいない[15]。そのような造成地は、企業側の善意により居住施設として売られてきたが、それはまた従業員の支配を強化し、生産性を向上させるための便利な手段でもあった。

ことによると、より重要なのは、今日のテックオリガルヒが従業員に何を期待しているのかということかもしれない。20世紀後半の典型的な大企業の経営者とは違って、彼らは従業員が自宅の購入や子育てに憧れを抱くことを期待してはいない。むしろ彼らが求めるのは、現代版「禁欲主義」を受け入れるワーカホリックな従業員なのである[16]。

大手テック企業は、ミッチェルのいう「ビットの都市」の一つのかたちを実現するために自社の技術を駆使し、そうした仕事中毒者にうってつけの都市を建設しようと計画している。グーグル（の親会社アルファベット〔の子会社サイドウォーク・ラボ〕）は、トロントのキーサイド（Quayside）と呼ばれるまだ開発されていない12エーカーの土地に「インターネットを起点とする……物理領域とデジタル領域を融合した」都市を建設するための先導的役割を担っている[17]〔訳注　２０２０

年5月7日、この計画からのサイドウォーク・ラボの撤退が発表された」。この「スマートアーバニズム」という未来像は、監視と徹底的なデータ収集を中心に展開される。建物の屋内外や道路の至る所に設置された監視センサーが常に稼働する。グーグルは、水の使用量から空気の質、キーサイド地区の住民の動きに至るすべてのデータを収集し、そのデータをエネルギー、交通、その他あらゆるシステムの運用に利用しようと考えている[18]。

絶えず監視することで、ゴミ収集などの効率化が進むことはまちがいないが、その代わりとしてプライバシーが大きな犠牲になる。さらに人びとの日常生活を監視して集められたデータは、宣伝・マーケティングマシンに入力され、オリガルヒの富を生み出すことに貢献する。一方、ビッグテック企業は、エネルギー使用、交通機関の効率、気候温暖化対策、社会サービスの提供など、都市生活に関する幅広い知見を得て、その情報を世界中の都市に売り込む[19]。スタンフォード大学のインターネット・社会センターでプライバシー担当ディレクターを務めるアル・ギダリは、「スマートシティの重要な点は、収集できるものは何でも収集するということだ」と語る[20]。

電子工学民主主義

カナダやアメリカ、そして大半のヨーロッパの国民は、厳重な監視と管理に反対する選択肢を持っているが、ロシア、中国、アフリカ諸国などその他多くの国の国民はノーと言えない状況にあるのかもしれない[21]。中国の「技術功利主義」システムでは、個人のプライバシーは保護されず、データ収集はまったくのやりたい放題である[22]。

次世代の人工知能分野で優位に立とうと積極的な動きをみせる中国共産党は、国内外のテックオリガルヒと緊密に連携しており、国民の懸念などほとんど眼中にない。グーグルチャイナ元社長の李開復《リーカイフー》が書いているように、テック企業がシリコンバレーのような「イノベーションを起こす生態系」に変えたい地区を特定したならば、有機的な都市開発を気長に待つ必要はない。中国政府の手を借りて住民を排除したあとに、必要なプレーヤーたち〔訳注　ベンチャーキャピタルやスタートアップ企業、それを支援するインキュベーター、サービスプロバイダーなど〕を「力ずくで地理的に近づける」ことで、開発を加速させることができるからである。政治的なコネクションを持つテックデベロッパーは、欧米の都市でしばしば起こるような開発反対の声を過度に心配する必要はない[23]。

中国共産党は、人工知能には都市とその住民を制御できる強力な潜在能力があることをはっきりと認識している。中国には高学歴の人材が多く、おまけに膨大な下流階級が存在するため、これが政権にとって脅威となるおそれがある。中国政府は、テクノロジーを駆使した複雑な「社会信用」システムを通じて市民の活動を追跡し、国民すべての層にたいする管理を維持している。違法な出版物など、政府の方針に異議を唱える兆候を報告すれば報酬がもらえるアプリもある[24]。MITの研究者クリスティーナ・ラーソンは、中国の監視システムをアイザック・アシモフが描いた「電子工学民主主義」になぞらえている〔訳注　マルティヴァックという名のコンピューターが全国民の代表者として選ばれたただ１人の投票者に遠隔で質問を行い、そこで得られたデータを用いて選挙結果を算出するため、選挙がまったく実施されない世界を描いたアシモフの短編「投票資格」より。この作品は『地球は空地でいっぱい』（小尾芙佐・他訳、ハヤカワ文庫ＳＦ、１９８８年）に内田昌之訳で収録されている〕。「あなたがすべてのデータを握っているというのに、いったい誰が民主主義を必要とするのでしょうか」とラーソンは問いかけている[25]。

　マギー・シェン・キングの小説『An Excess Male（増えすぎた男性）』〔前出〕では、良い就職先、住まい、結婚する権利など、私生活のあらゆる面に監視システムが完全に組み込まれた社会が描かれている。一人っ子政策と男児を欲しがる傾向とが相まって人口危機を招いたため、中国政府は切実に必要とされる子どもの生産を妨げるような行動（同性愛行為など）をとる者を追跡し、処罰する。これは前々から中国の計画立案者や政府関係者を大いに悩ませてきた問題である[26]。

　中国政府は、市民の動きを追跡するため、全国各地で顔認証システムを導入している。最初は中国西部の新疆ウイグル自治区から導入された。ムスリムのウイグル族反体制派が共産党政権にとって深刻な脅威とみなされていたからである。この地域では、ひげを生やしたり、子どもにイスラームの名前をつけたりするだけで警察に目をつけられることがある。顔認証システムは、監視対象者が自宅や職場から３００メートル以上離れると、当局に警告を発し、その人物は逮捕される可能性がある。ひとたび刑法に触れると、無罪放免となる確率は１００分の１以下といわれている。また中国当局は、新疆ウイグル自治区の住民全員からDNAを採取し、自治区内のすべての車両に衛星追跡システムを導入しようとしている。アムネスティ・インターナショナルの中国キャンペーン担当者であるウィリアム・ニーは「中国政府はこれらすべてを組み合わせて、実質的に完全な警察国家をつくり上げるつもりだ」と述べている。[27]

しかし、警察国家化が進んでいるのは新疆ウイグル自治区だけではない。中国政府は2020年までに全国の都市に4億台以上の監視カメラを設置する計画を打ち出した。この監視体制は、顔認証システムとともに、国民の行動を規制するためのもので、政府の政策に異議を唱えることはもちろん、軽微な交通違反を犯すだけでも、ますます危険な行為となった。[28] 中国政府はスマートフォンの追跡も行い、生体データも採取している。脳情報解読技術は中国の工場でますます普及していくはずである。生産性を向上させるためというのが表向きの理由だが、その技術を使って労働者の思考を監視・操作する意図のあることは明らかである。[29]

この種のデジタル監視は、中国を究極のロールモデルとみなす多くの途上国でも、その主要都市で採用されていくものと予想される。そうした都市の多くが、住民の生活を向上させるほどの繁栄を生み出していないことを考えると、途上国政府がテクノロジーによる社会統制に魅力を感じるのも、まったく不思議ではない。[30]

「監視社会」に抵抗できるのか？

シリコンバレーで産声をあげ、トロントで提案され、そしていままさに中国で実施されていることは、私たちの未来都市文明のモデルとなりうる。スコットランド出身の社会学者デイヴィッド・ライアンは、全没入型（all-immersive）のデータ駆動型都市を、個人のすべての活動が支配階級に見張られることになる「監視社会」の一部をなすものと捉えている。[31]

こうした〝スマートシティ〟は、伝統的な都市の誇りである自由で自発的な人間同士の交流を機械主導のインターフェースで代替する本質的にフェイクの都市であることが明らかになるであろう。[32] このような人工的で管理された都市形態の到来を回避し、少なくともその発展を遅らせるためには、寡頭勢力であるテック企業や彼らの計画を推進する有識者の力を制限する新たな措置を講じる必要がある。[33] ヨーロッパの人びとは、情報の独占を抑制し、個人の生活への侵入を制限することを求めており、この点では先を行っているのかもしれない。EU市民には、テックサービスによって収集された個人データを「消去」するためのツールが与えられる予定である。[34]

〝スマートシティ〟に反発する人びとをみて、「あいつはテクノロジーを拒絶したいのだろう」とか、「効率を妨げたいのだろう」とか、「自由な経済活動の足を引っ張って知的財産を我がものにしたいのだろう」などと勘ぐる向きもあるにちがいない。しかし、民主主義を機能させるには、市民が自分たちの環境をコントロールする必要がある。けっして、私たちのプライバシーを盗み、私たちの行動を操作することで利益を得ている一部の有力企業やごく一部のテックエリートたちにそのコントロールの鍵を手渡してはならない。都市は人間が向上心を持ちつづけられるような環境でなければならず、それゆえ住民を現代版の農奴に突き落とすような場所であってはならない。

第Ⅶ部

第三身分に告ぐ

技術はおそらく文明の身体にすぎず、その魂ではない。

フェルナン・ブローデル

『物質文明・経済・資本主義 Ⅲ 15-18世紀 世界時間』

第19章　テクノロジーが突きつける課題

私たちは多くの人が望まないかもしれない未来に向かって進んでいる。財産所有の高度な集中、都市の高密度化に向けた強力な推進、家族の減少、そして中流階級の衰退である。今日の支配階級が持つ力は、19世紀末から20世紀初頭にかけて大規模な産業トラストが出現して以来みられなかったほどの富と資産の蓄積に依拠している。実際、テックオリガルヒはしばしば市場の80〜90％を支配し、J・P・モルガンのUSスチールの市場シェア（アメリカ鉄鋼業の3分の2を支配）をも凌ぐ。(1)

金ぴか時代のときと同様、現代のこの市場支配はグロテスクなまでの格差を伴っている。(2) ヨーロッパと北米で、また最近では東アジアでも、ロバート・パットナムがいうところの「初期の階級アパルトヘイト」がみられる。(3) 今日の経済からたっぷりと恩恵を受けている者たちは、中世の貴族もかくやと思わせるほどの傲慢さで庶民に威張り散らしている。「新しい封建制はかつての封建制と同じで、階級、特権、財産が依然として大きく幅を利かせている」と金融専門家のサタジット・ダスは『インデペンデント』に書いている(4)。

専門家と諸々の問題

テックオリガルヒと特権的有識者は、啓蒙主義や進歩主義の時代に提唱されたような支配的な「専門家《エキスパート》」階級の役割を果たしているとみることができるかもしれない。専門家による統治という理想は、道徳、信仰、正義など、あらゆる問題には科学的解決策があるとみなす社会を前提としている。それは、国民の幅広い賛同を得ているかどうか、国民の願望を満たすかどうかといったこととは関係なく、ただ単に「正しい」政策を見つけるという問題である(5)。

中世の権力行使が武力や神の命令によって正当化されていたとすれば、現代の支配階級はその優れているとされる知識と道徳に基づいて市民の生活を支配する権利を主張する。このまま手をこまねいていれば、彼らは独占資本、侵入技術、思想統制によってディストピアの未来をつくり出すかもしれない。

中国は悠久の歴史を通じてほぼ常に先頭を走ってきたが、いままた自由主義的資本主義に代わる優れたロールモデルであることを証明するかもしれない。それは、支配階級が上から先進的な経済運営を行い、個人の権利や表現の自由をほとんど認めないモデルである。現在の中国の体制は、個人のプライバシーをあまり尊重せず、徹底した検閲を平然と行う。世界の多くの国の統治者、とりわけ途上国の支配者や一部の国の独裁者は、この中国モデルの魅力に惹き込まれている。[6]

民主主義国家において一般市民の独立を脅かす最大の脅威は、国家から直接もたらされるのではなく、アマゾンのジェフ・ベゾスがどうやら皮肉抜きに述べた「黄金時代の始まり」の先駆けであるテックオリガルヒからもたらされる。[7] しかし、テックオリガルヒと有識者が想像する未来のヴァルハラ（天国）は、民主主義の価値観や欧米の中流・労働者階級の向上心とは対極にあるものと考えられる。[8]

20年近く前にアーヴィング・クリストルが書いたように、基本的に問題なのは、技術・科学エリートたちが「世界は〝問題〟に満ちており、自分たちは〝解決策〟を探し求めなければならないと考えがち」なことである。「しかし、世界は問題に満ちているわけではない。世界は他者で満ちているのである」。もちろん彼は続けてこう述べている。「他者の存在にたいする〝解決策〟など存在しない。われわれがなしうるのは、他者との文明的な共存を考えることだけだ[9]」。

現実を蝕む

テクノロジーは人間の能力を補い、あるいは高めるものであるが、人類が抱える最大級の問題に対処する能力は限られている。人工知能のような分野の専門家は、チェスの対戦や記録の目録作成など限定された領域における問題解決に大きな成功を収めてきた。しかし、ある著名なコンピューター科学者によると、感情やニュアンスを含むより複雑な問題に直面したとき、テクノロジーシステムは「脆く、間違いを犯しやすい」という[10]。人間生活の多くの側面はデジタルコードに変換することができない。デューク大学の神経学者ミゲル・ニコリスは、「直感をコード化することはできない。審美的な美しさをコード化することもできないし、愛や憎しみをコード化することもできない」と述べている[11]。

現在のテクノロジー支配の道をこのまま突き進めば、スタンリー・ビングの『Immortal Life（不死の生命）』〔前出〕というゾッとする小説に描かれているような社会にたどり着くことが予想される。近未来を舞台にしたこの小説は、人工知能が支配的影響力を持ち、寡頭支配層は寿命を延ばすことに取りつかれている社会を描いている。そこでは、世界一の大富豪が、自らの意識を「自分よりも劣った」若者の肉体に転移させる技術を開発する。大衆は一握りのグローバル企業が売りつける安い商品が手に入るようになることで基本的に骨抜き状態にされ、いわゆる「リアルエキスペリエンス（実体験）」からほとんど遠ざかっている。寡頭支配層が「デジタル不死」を志向する一方で、彼らのテクノロジーにより、平均的な人間は「惰性的で、無気力で、ヴァーチャルな存在になりやすく」なる[12]。

しかし、テクノロジーそれ自体が悪いのではなく、真の意味での人間同士の交流の代わりに機械的インターフェースに頼り切っていることが問題なのかもしれない。アマゾンによると、同社のスマートホームデバイス「アレクサ」とユーザーが交わす会話の半分は、ジョーク、実存的な問い、実生活の不平不満など、非実用的性質のものだという。2014年にロサンゼルスの南カリフォルニア大学クリエイティブ・テクノロジー研究所が実施した調査によると、人は自分が現実の人物ではなく、仮想の人物と交流しているのだと思うと、悲しみをより強くあらわにし、自らをさらけ出すことにあまり不安を感じないことがわかった。コンサルティング会社ガートナーの調査担当副社長アネット・ジマーマンは、「2022年までに、あなたの個人用デバイスのほうが、あなたの家族よりもあなたの感情の状態について把握しているようになるかもしれない」と述べている。[13]

このようなテクノロジーへの感情的な依存は、テックオリガルヒや有識者たちが私たちの内なる感情に入り込み、そこから利益を得る機会を増やすことになる。[14] フェイスブックやグーグルの広報担当者がどれだけ強く否定しようとも、ソーシャルメディアを支配するアルゴリズムは中立でも客観的でもなく、プログラム作成者の想定や臆測を反映している。データサイエンティストのキャシー・オニールは、「アルゴリズムとは、コードに埋め込まれた意見である」と書いている。[15]

サンディエゴ州立大学の心理学者ジーン・トゥウェンジが2017年に発表した研究によると、スクリーンタイム〔訳注　スマホ等のデジタル端末に費やされた時間〕の長さとソーシャルメディア活動の多さは、アメリカの青少年のうつ病率の高さや自殺リスクの上昇と相関関係にあるという。

ちなみに、フェイスブックのある幹部が同社の広告主に語ったことで有名な話だが、うつ病の若者は売り込まれた商品に手を出しやすいのだという。(16) ソーシャルメディアがユーザーの気分に与える影響は、意図的なものかどうかにかかわらず「ブレインハッキング」と呼ばれている。(17) フェイスブックの元経営補佐でマーク・ザッカーバーグの慈善団体チャン・ザッカーバーグ・イニシアチブの職員であるアテナ・チャバリア氏は、「悪魔が私たちの携帯電話に住みつき、子どもたちをめちゃくちゃにしているのだと確信している」と述べている。(18)

デジタルの浸透による影響は深刻であるように思われる。最近の若者は、以前の世代に比べて積極性に欠け、リスクを避けたがる傾向があることがわかっている。人との付き合い方を知らないなど、基本的なソフトスキルが身についていない若者も多い。オーストラリアでは、スマホ画面に釘付けになる時間が長すぎるために、「世間話や批判的思考、問題解決ができない」若年世代が育っていることが研究者によって明らかにされている。アメリカのミレニアル世代を対象にした調査では、回答者の65％が対面での会話で他人と関わることに心地よさを感じず、80％がデジタルでの会話のほうを好んでいることがわかっている。(19)

どうやら人間にとって常に基本とされてきた現実世界での人間同士の交流が衰退してきているのかもしれない。たとえば、テクノロジーに強い現代っ子は、明らかに異性との関わり方に問題を抱えているが、この現象の一因は、ソーシャルメディアに没頭し、ネットポルノに簡単にアクセスできるようになったことにある。アメリカ、フィンランド、スウェーデン、デンマーク、日本、イギリスでは、研究者が「セックス不況」と呼ぶ現象に突出して貢献しているのがいまの若年層である。[20]人間の最も親密な行為においてすら、人工的存在がリアルな人間に替わろうとしているように思われる。「通常の人間関係につきまとう煩わしさがなく、衛生的な性的交流を実践できる男性のための安全な空間」にニーズがあるとみて、セックスロボットショップに投資した起業家もいるほどだ。[21]

フランスの小説家ミシェル・ウエルベックが辛辣に語っているように、技術の向上の代償として、私たちは真の意味での人間関係を営む能力を弱めているように思われる。彼は言う。

目下、世界が画一に向かっている。通信手段が進化している。住居の中が新しい設備で豊かになっている。徐々に、人間関係がかなわぬものになっている。そのせいで人生を構成する瑣末な出来事がますます減少している［中略］第三千年紀は幸先がいい。[22]

ホモ・デウスに支配される社会

いまから30年ほど前、先見性豊かなアルビン・トフラーが『未来の衝撃』で書いたように、かつて新しいテクノロジーは「個人の成長、冒険、愉悦などの新しい機会」を世界にもたらすと広く期待されていた。技術的に進歩した経済の未来は、何世代にもわたるユートピア社会主義者にとっても、右翼の政治思想家にとっても、眩しい宝石のように光り輝いていた。今日でも、マルクス主義者のなかには、テクノロジーが欠乏をなくし、「ポスト労働社会」をつくり出す「完全自動悦楽共産主義（a fully automated luxury communism）」を切望する者もいる[23]。

悲しいかな、このようなユートピアな未来像は、恐ろしいほどディストピアな結末をもたらすことがある。テクノロジーはかつてなかったかたちで人びとを結びつけるかもしれないが、少数の強大な企業に社会が支配されるなかで、知的な議論が制約されつつあるようにみえる。法律学者で作家のグレン・レイノルズは、すでに実施されている広範囲に及ぶ検閲や承認されない意見の「デプラットフォーム（de-platforming）」〔訳注　ソーシャルメディアのプラットフォームがユーザーの発言を永久または一時的に削除・禁止する行為〕は、技術的に強化された新しいかたちの思想統制を予見させると指摘する[24]。

社会的回路の再構成（rewiring of society）は、さらに驚くべき、またいささか恐るべき生物学的変換によって加速されるかもしれない。半世紀も前から、科学者たちは生殖を制限したり、情報を脳に直接伝達したりするための人間工学を夢見てきた。現代の多くの科学者にとって、ハクスリーの『すばらしい新世界』は、ディストピアというより、技術的楽園の青写真というべきものなのかもしれない。優生学（Eugenics）はかつてファシズムとの関わりから評判が悪かった。しかし、科学者が遺伝子を編集して「優れた」人間をつくり出そうとしている今日、それは「食卓にいる幽霊」のようなものである[25]〔訳注　「優生学は食卓にいる幽霊だ」と述べたのは、スタンフォード大学生命医学倫理センター所長のヘンリー・T・グリーリー」。

バイオテクノロジーは単に人類に奉仕するものではなく、それを利用する支配階級が自分たちの好みに合うように人間を工学的につくり上げることを可能にする手段となるかもしれない。哲学者のユヴァル・ノア・ハラリは、テクノロジーによって「ホモ・デウス」と呼ばれるごく一部の神のごときカーストが支配する社会が到来し、彼らは平凡な〔訳注　原文はrun-of-the-mill。つまり、工場を連続稼働させて大量生産された〕ホモ・サピエンスを完全に支配することになるとみている。彼らの下には最下流階級《アンダークラス》がおり、仕事をせず、上の者からの施しに全面的に依存する。彼らと再設計されたエリート層との関係は、現在の人間と動物たちとの関係にたとえることができる。「超人的な知能を持つサイボーグが普通の生身の人間をどう扱うか、みなさんは知りたいだろうか」とハラリは問う。「それなら、人間が自分より知能の低い仲間の動物たちをどう扱うかを詳しく調べるところから始めるといい[26]」。

私たちの社会的交流を制御するアルゴリズムの力と無限の資金でもって武装した私たちの大領主は、人びとの意思や同胞の向上心などお構いなしに、自分たちの利益のために社会を運営することができるようになる。現在予想されているようなテクノロジーの支配する未来には、下流階級の労働や民主主義の煩わしさはほとんど不要なものとなるであろう。「今から100年後、民主主義と人権の価値を信じる私たちの気持ちもやはり、私たちの子孫には理解不能に思えるかもしれない」とハラリは書いている[27]。

第20章 新しい封建制社会の形成

原始の村から中世の封建制へ、さらには自由民主主義に至るまで、あらゆる人間のシステムは、思想によってだけではなく、物理環境や資源をコントロールすることによって形成されてきた。[1]民主主義体制は、個人の財産権の承認と育成にある程度依拠している。古代アテネ、古代ローマ、オランダ、イギリス、フランス、北米、オセアニアなど、歴史上ほとんどの民主制社会または共和制社会は、財産を所有する分厚い中流階級によって築かれ、支えられてきた。

20世紀に入り、中流階級の資産が増加したのは、都心部から外へと都市の裾野が広がったことで、多くの市民が広々とした安全な環境にある不動産を購入し、プライバシーを確保できるようになったことが大きい。[2]より多くの人びとが自分の財産を所有するという理想は、ほとんどの高所得国で左右両派の政治家たちによって長年追求されてきた。フランクリン・D・ローズヴェルト大統領は、「持ち家を所有する人びとの国、つまり自分の土地の実質的な持ち分を所有する人びとの国は征服されない」と述べている。持ち家は単に経済にとってだけでなく、民主主義や、まさに自己統治（self-government）という考え方にとっても重要であるとローズヴェルト大統領は考えたのである。(3)

今日、土地所有の民主化が逆戻りしはじめている。アメリカはもちろん世界中で、経済的自立の見込みがほとんどないまま賃貸のアパートや家に住まざるをえない人がますます増えている。この傾向はただ単に市場原理によるものではない。アメリカ、ヨーロッパ、オーストラリア、カナダの大多数の人びとが自分の家を持ちたいと考えているなか、多くの寡頭支配者や都市計画に関与する有識者の一味は、賃貸住宅（アパートであれ、戸建てであれ）を強力に推し進めてきた。(4)高密度都市の開発コストが高くつくことを考えると、将来世代が補助金やセットアサイドと呼ばれる優遇措置への依存度をますます高めることも十分ありうる〔訳注　セットアサイドは、連邦政府の調達契約の一定割合を中小企業に優先的に割り当てる制度。大企業による独占・寡占から中小企業を保護育成するのが目的〕(5)。多数の人が幸運な少数者からの富の移転に依存する経済は、個人の自発性と自己統治の伝統とはそう簡単には相いれない。(6)

崩れゆく家族主義

新しい封建制秩序によって最も脅かされる制度は、伝統的な家族構成かもしれない。１９６０

年以降、アメリカでは一人暮らしの人の割合が約12％から28％に増加した。スカンジナビア諸国では人口の約40％が一人暮らしをしている。[7]

東アジアでさえ、家族構成が崩壊する初期の兆候がみられる。[8] 韓国で200万部のベストセラーとなった申京淑《シンギョンスク》の『母をお願い』（安宇植訳、集英社文庫、2011年、原書は2009年）は、年老いた親の面倒をみることを放棄した子の「親への罪悪感」がテーマである。[9] 伝統的に家族主義の砦となってきた中国は、都市化が急速に進み、現在では2億人の未婚者がおり、そのうち20歳から40歳までの独身者は5800万人にのぼる。中国では、以前であれば想像もできなかった一人暮らしの割合が15％にまで上昇している。[10]

この現象は、世界の経済や文化をリードする都市の中心部において特に顕著である。今日、北京、東京、ニューヨーク、ロサンゼルス、ボストン、サンフランシスコといった大都市の多くが子どものいない人口動態の墓場となりつつある。[11] サンフランシスコのテック業界で働く人びとは、狭いアパート暮らしや共同生活を余儀なくされているため、子育てには不向きな環境にあり、おそらく前の世代が考えていたような一人前の大人（full adulthood）にはなれないであろう。人種、ジェンダー、性的指向などに基づくアイデンティティ・ポリティクスが、子どもの数が少なく、家族の絆が弱まっている地域で強い支持を得ているのは驚くことではないかもしれない。[12]

独身者の増加や子どもを持たない文化は、しばしば個人の選択の問題として扱われる。[13] しかし、世代間研究者のモーリー・ウィノグラードやマイク・ヘイスが指摘するように、アメリカのミレニアル世代が抱く家族にたいする意識は、ジェンダー平等をより重視しているとはいえ、それ以前の世代と大きな違いはない。[14] 44歳以下のアメリカ人で子どものいない女性のうち「自発的に子どもを持たない」人の割合は、せいぜい6％である。[15] ミレニアル世代の大多数は、結婚して子どもを持ちたいと考えている。[16]

出産数の大幅な減少は、世界の貧しい地域のなかには、これを歓迎するところもあるだろうが、高所得国の出生率低下は労働力の急速な減少を招き、経済成長を阻害するおそれが強い。アメリカではすでに、労働力の伸びが1970年の3分の1にまで鈍化しており、さらに落ち込むことが予想される。[17]

人口動態の変化がさらに顕著なのが、日本、韓国、台湾、そして多くのヨーロッパ諸国である。これらの国や地域では、若年労働者の確保が雇用主にとって頭の痛い問題となりつつあり、コストの上昇や、より生産性の高い国への雇用流出を招くおそれがある。雇用基盤の縮小に伴い、国によっては、膨れ上がる退職手当に充てる資金を捻出するため、現役労働者への課税を強化しているところもある。[18] 国によっては、手の打ちようがない人口減少が迫っている。ロシアでは1991年から2011年までのあいだの死者数が同じ期間の出生数を1300万人ほど上回った。[19]

中国の生産年齢人口（15歳以上65歳未満）は2011年にピークを迎え、2050年までに23％減少すると予測されている。[20] 2015年末に廃止された一人っ子政策の影響（1980年の施行以来、推定3700万人の中国人女児が堕胎された）により、この減少傾向に拍車がかかることが予想される。[21] このぞっとするような統計データは、男女間の不均衡を生み出し、習近平国家主席の「中国の夢」を、ことによると共産党政権の安定性をも揺るがす危険な要因となりかねない。[22]

ドグマを超えて

温室効果ガスの排出が将来の世界の気候に及ぼすであろう影響を考えると、たとえそれが大きな経済的コストを伴うものであったとしても、私たちの暮らし方、エネルギー生産、移動の方法を変える必要があるだろう。ただし、この問題は経済的機会や中流階級の維持など、その他の検討課題にも注意を払いながら理性的に対処する必要がある。

封建時代にみられたように、人間の罪や過剰な欲望にたいする素朴な懸念は、過度にドグマティック（教条的）となり、社会に破壊的影響をもたらしうる。地球の気候が「非線形カオスシステム」であること、将来の気候状態を高い精度で予測するための分析ツールがないことは、気候学者も以前から認めている。気温上昇による海面上昇といった現実の深刻な問題は、マスコミが煽り立てるほど極端な変動ではないかもしれないが、複雑な気象サイクルの文脈のなかで研究が行われる必要がある。[23]

よく耳にする「科学的に解決された（the science is settled）」という言い方はきわめて非科学的

である。オバマ政権下でエネルギー省の科学顧問を務めたスティーブン・クーニンは、気候変動を緩和するための各種手段とともに「低排出技術の開発と費用対効果の高いエネルギー効率化対策を急がせることは十分に納得のいく賢明な判断」だと考えている。その一方でクーニンは、政策について十分に情報を得ている市民の主張を「脇に追いやるべきではない」とも述べている。(24)気候変動はあらゆる深刻な問題と同様、人間社会のニーズを考慮に入れて現実的《プラグマティック》な対策でもって取り組むべきである。

しかし、風力発電や燃料電池自動車の普及など、現在実施されている政策のなかには、予想外のコストや別のデメリットが生じ、期待したほどの効果が得られないものもある。(25)気候変動問題に関するパリ協定もほとんど効果を挙げていないようだとみる向きもある。(26)カリフォルニア州やドイツの厳しい気候変動対策は、中流階級や貧困層を苦しめるだけで、温室効果ガスの排出量削減にはほとんど結びついていない。(27)アメリカ連邦議会で新たに提案された「グリーン・ニューディール」のような壮大な政策提案は、不確実な利益のために何兆ドルもの費用を投じることとなり、貧困削減や海洋浄化など他の優先課題から資源を奪うことにもなる。途上国で「グリーン・ニューディール」のような政策が実施されれば、意図せざる効果として大衆の貧困が固定化し、その結果ますます彼らの依存心を強めてしまい、健康や衛生面で新たなリスクを生じさせるおそれもある。(28)

多くの人は環境保護や気候変動対策の取り組みを当然のように支持しているが、その目的のために自分の収入のかなりの部分を手放すことには概して後ろ向きであり、ましてその効果が疑わしいとなればなおさらである。化石燃料の輸出に大きく依存している国、オーストラリアでは、2019年の総選挙で「ゲットアップ」と呼ばれる環境保護団体が時に度を越えた奇矯な行動に走り、そのことが、有権者の票を進歩的な労働党から保守連合に動かしたことは広く認められている(29)〔訳注　その後、2022年の総選挙では労働党が勝利し、政権を保守連合(自由党・国民党)から奪還した〕。カナダでは、トランスマウンテン・パイプライン拡張計画への反対により、ブリティッシュ・コロンビア州とアルバータ州が、環境保護か経済的利益かをめぐって対立状態に陥っている(30)。ヨーロッパでも、フランスの黄色いベスト運動にみられるように、中流・労働者階級の市民の生活水準を引き下げるような政策は幅広い支持を得られない(31)。気候活動家は、自分たちが主張する政策によって巻き起こる経済的混乱に考慮を払わないかぎり、広く階級的な反発を招くことは避けがたい。

人類をどうみるか、それが問題だ

環境問題への取り組み方は、人類の存在をどう捉えるかによってしばしば異なってくる。前出のオースティン・ウィリアムズは、人類が「地球上の最大の問題」なのか「より良き未来の創造者」なのかという問いをめぐる対立を描いている(32)。前者の否定的な捉え方は、悪天候や疫病、戦争での敗北など、すべての原因は人類の罪だとする初期キリスト教の考え方に似ている。家族を持つことは、商業に従事することと同様、個人の魂の状態にとっては二義的なものであると考えられていた。(33) しかし、一つだけ大きな違いがある。ほとんどの宗教、特に一神教では、人類は被造物の頂点に立つ存在であり、他のすべてのものは人類のために創造されたと考えられている。他方、今日の環境保護主義者たちは、人類は他のあらゆる生き物と同じく尊敬に値しない存在であるが、ことによると人類のほうがもっと尊敬に値しないかもしれないと考える傾向にある。

気候変動は、農作物の不作、ハリケーン、洪水、異常気象、果ては戦争の原因となる可能性が十分にある。とはいえ、しばしば提案されるように、家族形成を思いとどまらせたり、生活水準を引き下げたりすることで問題の解決を図ろうとしても、政治的に実現不可能であるばかりか、社会的に深刻な影響をもたらすおそれがある。一つの問題は、マルサスの人口論的・経済学的アプローチを採用した場合、既存の富裕層を優遇し、有識者に力を与え、概して社会的ヒエラルヒーを強化することになりがちなことである。(34)

そのうえ、温室効果ガスの排出量増加はそのほとんどが中国をはじめとする途上国に責任があることから、欧米諸国がいくら対策を講じたところで気候変動に強い影響を与えられそうもない。(35) さらに、より貧しい途上国では、大多数の国民が貧困な生活を強いられ、電気・水道などの基礎インフラが不十分なことから、彼らのニーズに応えなければならない。世界には、安定した電力が供給されていない人びとが10億人以上もいる。インドのような国の指導者は、温室効果ガスの排出量削減よりも、エネルギーの確保を重視する傾向がある。[36]

レジリエンスへの投資

カリフォルニアで長年環境保護活動を続けてきたテッド・ノードハウスは、気候変動その他の問題にたいする効果的な解決策をみつけるために、環境保護運動は「ユートピア的空想」を捨てて、「近代およびテクノロジーと和解する」必要があると書いている。[37]既存のテクノロジーを前提にすると、エネルギーコストの大幅な上昇、信頼性の低下、貧困の拡大などを伴わずに排出量を削減する方策として非常に期待の高い太陽光エネルギーや風力エネルギーへの転換はほとんど非現実的であるように思われる。原子力発電や水力発電、石炭から豊富でクリーンな天然ガスへの転換など、さまざまな選択肢を組み合わせたほうが、特に途上国の経済や社会に壊滅的な影響を与えることなく、短期間で排出量を削減できる可能性が高いのではないだろうか。[38]

人間の活動によって引き起こされる可能性のあるものを含め、将来のいかなる気候変動にも対応できるようにレジリエンス（弾力的な対策）を重視することが全体として最良のアプローチといえるかもしれない。[39]この考え方は、政策論議に徐々に根付いてきている。気候変動によって起こりうる被害を軽減するために、自然保護だけでなく、防潮堤の建設や電力システムの分散化、海水淡水化施設や貯水強化などへの投資を拡大することも提案されている。また森林伐採に長年反対してきた環境保護主義者のなかには、大規模な山火事を防ぐために、カリフォルニア州などで管理が不十分な森林については伐採の必要性を認める人も出てきている[40]。

私たちはオランダの事例からヒントを得ることができる。オランダは16世紀に見舞われた大洪水をきっかけに、将来の洪水を防ぐために運河沿いの堤防を大規模に拡張し、成果を挙げた[41]。一方、メソアメリカ、インダス川流域、カンボジアなどの古代文明は、リスクを軽減するための現場での改善を怠ったことが衰退の一因となった[42]。最近の例では、ニューオリンズがそうである。嵐による洪水の危険性は広く認識されていたが、都市を守る堤防の整備が不十分であったことから、ハリケーン・カトリーナの襲来時に決壊した。１９４２年に地理学者のギルバート・Ｆ・ホワイトが指摘したように、「洪水は〝神の御業〟だが、洪水被害はほとんどが人間の行為によってもたらされる[43]」。

「寡頭制の鉄則」

気候変動物質の排出量を削減するための現在のアプローチは、寡頭支配者と有識者の力を強化するのに成功した。それはまさに「寡頭制の鉄則」を示すものである。20世紀初頭に社会学者のロベルト・ミヘルスによって提唱されたこの法則は、「問題が複雑になればなるほど、民衆の意見を無視したエリート主導の解決策が必要になる」というものである[44]。近年、主流メディアでは、国民によるコントロールをあらかじめ阻止し、専門家が自ら設計した政策を実行できるようにするグローバルな「テクノクラシー」の実現を提唱する声が聞かれる(45)。

「民主主義は地球最大の敵である」という主張が、権威ある外交雑誌『フォーリン・ポリシー』(2019年7月20日)で、政治学者のデイヴィッド・ランシマンによってなされた(46)。この見方に立てば、過酷な措置が立法機関や一般市民から確実に承認を得られることはまず考えられない以上、気候変動問題の解決には「戦争への動員」に匹敵する努力が必要となる。非民主的な方法をとる場合、格安航空券、自動車、高速道路、郊外の戸建て住宅など、大衆の平凡な楽しみに制限を課すことになるであろう(47)。

こうしたアプローチは、中国の権威主義的統治システムと完全に一致する。中国のトップダウン方式による問題解決は、環境目標達成のために「国家の強制力」行使を支持する前カリフォルニア州知事ジェリー・ブラウンのような環境活動家たちからも称賛されている。北京政府による現在の気候対策を強力に支持するブラウンは、物分かりの悪い大衆を「洗脳」することすら奨励しており、この考え方は中国の思想統制の背後にある論理ときわめてよく一致している(48)。

第21章 新しい封建制に立ち向かえるのか？

フランシス・フクヤマやトーマス・フリードマンらがかつて予言していたグローバルな民主主義への収斂という希望は、ますます遠のいたようである。中国は発展を遂げていよいよ豊かになり強大になったものの、欧米と同じ道をたどることなく、むしろ権威主義的な国家資本主義を発展させてきた(1)。世界的にみれば、民主主義的な統治は2006年にピークを迎えたように思えるが、トルコ、ロシア、中国など多くの国は権威主義的な傾向を一段と強めている。民主主義国のインドや多くのヨーロッパ諸国ですら、内紛や人種・宗教対立によって憲法秩序に綻びが生じてきている(2)。

数千年の歴史に深く根を下ろす中国という〝文明国家〟は冷戦終結後、自由主義的価値観にたいする最も深い哲学的な挑戦を叩きつけている(3)。BIノルウェー・ビジネススクールの気候戦略名誉教授ヨルゲン・ランダースは、中国は環境問題その他で多くの課題を抱えながらも、将来的に世界を支配する国になると予測している。「欧米諸国が崩壊するわけではないが、欧米社会の円滑な運営や友好的な性格は消え失せる。不公平感が爆発するからだ」とランダースは指摘する。「民主的な自由主義社会は破綻し、中国のような強権的政府が勝者となるであろう」[4]。

たとえ中国の挑戦がなくとも、欧米諸国ではすでに、民間の手によるものではあるが、経済の中央集権化が進んでいる。過去数十年にわたって、ウォーレン・バフェットのような少数の寡頭支配者が独占的利益を確保する手段として、ほとんど競争相手もないなかで企業を買収し、巨万の富を築いてきた[5]。見過ごせないのは、税制の抜け穴を巧みに利用して自己利益の追求をはかるテックエリートが、きわめて重要な市場分野で力を蓄えつづけ、多くの国の政府よりも影響力と権力を持つ大領主になっていることである[6]。

第三身分の存在意義

自由民主主義を信じる人びとは、台頭する寡頭支配層と有識者層の挑戦にどう対処すればよいのか。北米やヨーロッパで起こりはじめた「農民の反乱」は、概して支配階級の力に挑むための首尾一貫した行動計画を欠いている。しばしば彼らは、21世紀の民主主義にはそぐわない昔ながらの移民排斥論《ネイティヴィズム》や文化的郷愁に訴えかける[7]。

今日の新しい封建制に抵抗する鍵は、かつての封建制を終わらせたのと同じような人びと、左派の社会学者バリントン・ムーアが言った「多数の政治的に活発な都市住民階級」が握っている。[8]言い換えるなら、自分の財産〔不動産など〕を所有する傾向があり、しばしば自分のビジネスを持ち、家族のニーズを軸にコミュニティを形成している人たちである。18世紀後半、そのような人びとは独立した農民とともに、世襲貴族や教会のヒエラルヒーに挑戦した。その後、労働者階級は、金ぴか時代における独占資本家の略奪的権力と偏った富の蓄積を見事に抑え込んだ。

今日求められているのは、中流・労働者階級にとっての機会の拡大という第三身分の向上心に応えることを主眼とする新しいかたちの政治である。再分配や補助金を通じた社会正義の実現を重視する現在の政治は、社会的上昇の機会を拡大するどころか、むしろ国民の依存心を助長する一方で、権力を少数者の手に集約させている。[9]

やつらの首を吹っ飛ばせ！

今日の寡頭支配者は、自由市場、財産権の保護、能力主義の理想から最も恩恵を受けてきた人びとである。しかしながら、その傲慢と貪欲は彼らの特権にたいする反発を招きかねない。アメリカで最近問題となった大学入試スキャンダルにたいする人びとの怒りはその典型である。ハリウッドやビジネス界のエリートが、出来の悪いわが子を一流大学に入学させるために、不正行為や賄賂、成績の改竄などを行っていた問題である。[10]

寡頭支配層はいつか自分たちの繁栄の基盤を掘り崩すことになるかもしれない。寡頭支配層の多くは、古典的自由主義と資本主義的企業に敵対する基本的なアジェンダを持つ過激な進歩主義者と手を組んでいる。[11] これはフランス革命に至るまでの状況とよく似ている。トクヴィルが指摘しているように、当時、多くのフランス貴族は放蕩生活を送っていただけでなく、最終的には「自分たち貴族の権利や存在すら」も脅かすことになる議論を展開する著述家たちを支援していたのである。[12]

これまで、進歩主義的左翼によって提唱された政策は、ほとんどが下流・中流階級の犠牲の上に成り立っていた。[13] しかしながら、新しいタイプの進歩主義者はもっと大胆で、フランス革命のジャコバン派や1960年代後半の中国の文化大革命で暴れまわった紅衛兵のような存在になりつつある。[14] 将来、若い活動家は前の世代の環境保護運動家たちと同じように、寡頭支配層の貪欲に我慢できなくなるかもしれない。結局、世界が地球規模の終末的危機に瀕し、しかも格差の拡大に苦しんでいるときに、新国王チャールズ3世やリチャード・ブランソンからレオナルド・ディカプリオやアル・ゴアに至るまで、世界で最もセレブな環境保護提唱者たちの豪華なライフスタイルがどうして受け入れられるであろうか。気候変動を嘆きながら、ダボスのような場所で「危機」を議論するために自家用ジェットを飛ばしている億万長者たちに環境左翼が反感を持つのも道理である。[15]

環境主義の緑と社会主義の赤を混ぜ合わせている活動家は、良い億万長者と悪い億万長者を区別しない。バーニー・サンダースのように、億万長者はいっさい存在すべきでないと考える者もいる。こうした赤・緑組の面々は、現代環境保護主義の草分け的存在であるバリー・コモナーの「資本主義は地球の一番の敵である」という見方に概ね同意している。[16]

やがてこの貴族然とした左派の寡頭支配者たちは、てっきり政治的盟友だと思い込んでいた連中や自社の従業員までもが自分たちに反旗を翻していることに気づくときがくるかもしれない。寡頭支配者たちは民主党に多額の資金提供を行って支援しているが、ある調査によると、現在では資本主義よりも社会主義を支持する民主党員のほうが多くなってきているという。[17] シリコンバレーの技術系従業員のあいだでは、ベイエリアで前の世代が享受したのと同じほどの富の蓄積を行える可能性がほとんどないため、社会主義的な動きすら高まっている。[18] 一部の巨大テック企業やウォール街の寡頭支配者たちが市民の暴動に備えてすでに緊急脱出計画を立てていると聞かされても意外でも何でもない。[19]

開かれた社会

これまでのところ、新しい封建制秩序への反対は、移民、ユダヤ人、ムスリムといったマイノリティにたいする憎悪や、異文化圏からきた移民によって社会が脅かされるという先入見のかたちをとる傾向が強かった。[20] ヨーロッパだけでなく、北米やオセアニアの人口動態を考えると、そうした排外主義に基づくアジェンダは逆効果になることが多く、新参者をうまく国民文化に統合できる自由主義的社会とは相いれない。

偉大な社会は本来、閉鎖的ではなく拡張的なものである。ギボンが指摘するように、ローマが偉大になったのは、宗教的な異端を認め、かつて奴隷だった者を含むアウトサイダーにその身分を脱して、社会的にのし上がる機会を与えたからである。市民権が制限されていたアテネとは対照的に、ローマは市民権の範囲を帝国の最も遠い辺境の地にまで拡大し、212年にはすべての自由民にローマ市民権を与えた。「かつてはユリウス・カエサルをアレシアに囲んだこともあるガリア人の後裔が、いまやローマ軍団の将となり、属州総督となり、またローマ元老院議員にまでなった」とギボンは書いている[21]。

さまざまな民族がローマ文明に見習うべきものを見いだしたように、西洋で発達した自由主義的制度は、まったく異なる背景を持つ人びとをも魅了する。こうした制度やその土台となる理想は、いかなる人種的特徴にも縛られない。中国人、ムスリム、ラテンアメリカ人が移住先に選ぶのは、市民権、寛容、法の支配といった自由主義的価値観を受け入れている国である場合がほとんどである[22]。習近平独裁政権下の中国は「中国の夢」を与えてくれるかもしれないが、アメリカに住む中国系移民の数は2000年から2018年までのあいだに2倍以上に膨らみ、約250万人に達した。似たようなパターンは、カナダやオーストラリアでもみられる。逆に、中国やその他多くのアジア諸国に向かう移民の流れはほとんどみられない[23]。

ギリシア・ローマの古典文化に根ざす多元的な西欧型民主主義国家に暮らしている幸運な人びとは、この開かれた社会が歴史上いかに稀有であるか、そして開かれた社会の活力が今日どれほど脅かされているかを深く認識すべきである。歴史的にみると、民主主義は古代ギリシア・ローマがそうであったように、しばらくは炎のごとく輝きを放つが、やがて独裁に屈するか、階層化していったのである。(24)

第三身分よ、目覚めよ！

「文明は脆く、無常である」とは、歴史家ジョセフ・テインターの言である。(25) 西洋文明が長きにわたって成功と安定を続けるなかで、事態が危険な方向に向かっていることに気づくのは、すでに手遅れとなってからかもしれない。(26) 古代ローマ市民が帝国の崩壊に備えられなかったのと同じように、私たちは社会が開明的でも流動的でもない状態に後戻りすることへの備えができていない。

文明が存続するには、それを構成する人びと、とりわけ最大の影響力を持つ人びとが、自分たちの文明の基本的価値観を信じていることが必要である。今日、私たちにとって重要な機関であるアカデミズムやメディア、企業のエリート集団、そして一部の教会でさえ、長きにわたって西洋の文化を規定してきた根本的な理想の多くを否定している。(27) 左右いずれの活動家も、民主主義社会を束ねるものを重んじる代わりに、多元的民主主義の維持を不可能にする狭量なアイデンティティ・ポリティクスにばかり目を向けてきた[28]。

社会の基本的価値観にたいする信頼の喪失は、若年層において特に顕著であり、アメリカの若者の4割近くが自分の国には「誇るべき歴史がない」と考えている。家族、宗教、愛国心を重視する人は前の世代よりはるかに減っている。それどころか、ヨーロッパは、自分たちの遺産を呪うことによって、文化解体への道を駆け足で進んでいる[29]。ヨーロッパ数カ国の学者たちが「われわれが信じられるヨーロッパ」と題して2017年に発表したパリ声明によると、EUの官僚機構は、ポストナショナリズムに基づく「ニセ宗教事業」に投資しており、多文化主義を優先するあまり、独自の歴史的文化を否定しているという[30]。

このように、西洋社会において文化解体に向けたハイレベルの関与が行われていることを考えると、若者の文化的リテラシーの低下や歴史への関心の大幅な低下も何ら驚くべきことではない[31]。アンリ・ピレンヌが言ったような「人間の精神が退化しつつあった」中世初期の再現となることはあるまいが、私たちは、ロデリック・サイデンバーグが「ポスト歴史的人間」と呼んだ存在、つまり私たちの過去の文明の伝統や価値観から切り離された人間をつくり出そうとしているのかもしれない[32]。個人の自由や開かれた議論など、私たちが築いてきた民主主義の基本原理を知らなければ、それが失われても気づくことはないであろう。大航海時代から宇宙時代へと続く西洋の発展を牽引してきた野心と自信を取り戻すには、西洋の文化とその成果にたいする誇りを持ち、新参者やよその国や地域からの影響にたいして開かれていることが絶対に必要である[33]。

日本は、たとえ経済の成長が止まっても、その代わりに精神的なものや生活の質の問題に関心を向けられる高所得国のモデルとなっていると考える学者もいる。日本は将来世界を征服するようなことはないであろうが、高齢化が急速に進む一方で快適な暮らしが送れる、アジアにおけるスイスのような存在になりうると考えている専門家もいる[34]。

同様に、新しい封建制秩序のもとでは、社会的上昇や家族に注がれていた関心は、補助金をもらいながら安楽な生活を送ることへの欲求に置き換わることになるであろう。そこで大衆は、さながら地下室に閉じ込められたようにデジタルマインドの巣窟にこもりきりになる[35]。すでにアメリカでは、ロボットに仕事を奪われた人に月々約2000ドルのベーシックインカムを保障するというアイデアを国民のほぼ半数が支持している[36]。ユニバーサル・ベーシック・インカムは、ヨーロッパの多くの国で若者たちを中心に強い支持を得ている[37]。

社会的上昇を制限し、人びとの依存心をより強めるような新しい封建制がやってくるのをなんとか遅らせ、できれば押し戻さなければならない。それには、新しい封建制に抵抗しようとする第三身分の政治的意志を目覚めさせることが必要である。イギリスの歴史家R・H・トーニーは、「国民が反逆の仕方を忘れていない国家は幸せだ」と書いている[38]。子どもたちが受け継ぐ世界はどのような世界になるのか。すべては、私たちが「関与する市民（engaged citizens）」として、自らの立場を堂々と主張する決意を奮い起こすことができるかどうかにかかっている。

謝辞

本書は、これまで出版した他の本と同様、何時間もかけて初稿を読み込み、批評してくださった多くの方々のご意見に大いに助けられました。頂戴したご意見・ご助言のなかには、私の矛盾を指摘してくださるものもあれば、私の分析をより精緻化するためのヒントを与えてくださるものもあり、たいへん貴重なものでした。

アーロン・レン、マイケル・リンド、フレッド・シーゲルの各氏には全体に目を通していただきました（以下、敬称略）。住宅政策と環境政策のセクションは、人口統計学者のウェンデル・コックスと弁護士のデイヴィッド・フリードマンの意見によって大幅に改善されました。また、コンシューマー・レポート社で調査リサーチ部長を務めていた弟のマークは、その鋭い分析力と歴史的視野を存分に発揮してくれました。

今回の取り組みは、カリフォルニア州オレンジにあるチャップマン大学の支援なしには実現しなかったでしょう。チャップマン大学のダニエレ・ストルッパ学長と人口統計・政策センターを併設するコミュニケーション学部のリサ・スパークス学部長には特に感謝しております。カリフォルニア封建制プロジェクトは、アーギロス・スクール・オブ・ビジネスで教鞭をとるマーシャル・トプランスキーとの協力によって進展した部分が少なくありません。また、カーラ・デル・リオ・ロペス、アレックス・トーマス、アンドレ・カブレラ、ルーク・エドワーズ、チャド・ロンスキー、ダグ・ハヴァード、マイク・クリステンセンら私の研究チームにもたいへん助けられました。この仕事は、チャップマン大学の研究部長であるトム・ピエコタと二人のすばらしいアシスタント、モーガン・ソフラビアンとマーナズ・アスガリに支えられました。

本書の一部、特に第6章は、ヒューストンを拠点とする都市改革研究所（旧オポチュニティ・アーバニズム・センター）で行われた研究活動を参考にしたものです。ジェントリフィケーションのオルタナティブに関する私たちの研究は、ウェンデル・コックス、ピート・サンダース、カーラ・デル・リオ・ロペス、そして現在ダラスのブッシュ・センターに所属するカラム・クラークらから大きな影響を受けています。また、会長のトム・ライル、副会長のレオ・リンベック、そして都市改革研究所のすべての役員に感謝します。

これらすべてのプロジェクトに協力し、本書の出版にも幅広く携わったアリシア・クリムスカについては、特筆しておかなければなりません。スロバキア出身で、チャップマンの学生だったアリシアは、現在ストックホルムに暮らしています。リサーチとコピー編集の面で彼女の貢献は、本書の完成になくてはならないものでした。

本書のいくつかの部分は、さまざまな報道機関向けの記事をもとにしています。南カリフォルニア・ニュース・グループのサル・ロドリゲス、『シティ・ジャーナル』（マンハッタン研究所）のブライアン・アンダーソンとポール・ベストン、『デイリービースト』のハリー・シーゲル、『キレット』のジェイミー・パーマー（ロンドン）とクレア・レーマン（シドニー）、『アメリカン・アフェアーズ』のジュリアス・クラインらの編集者にもお礼を申し上げたい。また、ノースダコタ州グランドフォークスにあるプラクシス・ストラテジーのロンダ・ハワードとマーク・シルが共同で運営するウェブサイト「ニュー・ジオグラフィー」にも多くの記事が掲載されています。

さらに、本書の出版元であるエンカウンター・ブックスのスタッフにも感謝の意を表したい。社長のロジャー・キンボールは、私とは異なる政治的伝統の持ち主でありながら、本書の価値を認めてくださいました。ロジャーの支えがなければ、本書はけっして出版されることはなかったでしょう。「エンカウンター」のキャロル・スタスウィックの見事な編集にも御礼を申し上げます。キャロルは中世研究のバックグラウンドがあり、特に助けられました。また、サム・シュナイダー、ローレン・ミクロス、アマンダ・デマットら「エンカウンター」のマーケティング・スタッフにも感謝します。

最後に、妻のマンディ・シャミスには最も深い感謝の意を表したい。彼女は、私が長いあいだ事務所にこもっていたのを我慢してくれただけでなく、本書の初期の草稿を編集する手伝いをしてくれました。彼女の精神的な支えはなくてはならないものであり、彼女の知的鋭敏さはこの取り組みに大いに貢献してくれました。

ジョエル・コトキン
カリフォルニア州オレンジ

訳者あとがき

本書は、Joel Kotkin, *The Coming of Neo-Feudalism: A Warning to the Global Middle Class* (Encounter Books, 2020) の全訳である。邦訳には「ペーパーバック版への序文」(２０２２年) も併せて訳出・収録した。著者のジョエル・コトキンは現在、カリフォルニア州オレンジにあるチャップマン大学都市未来学プレジデンシャル・フェローであり、ヒューストンを拠点とする都市改革研究所 (Urban Reform Institute) のエグゼクティヴディレクターも務める。

コトキンの著書の邦訳としては、『カリフォルニアInc.』(ポール・グラボヴィッツとの共著、徳山二郎訳、講談社、１９８２年)、『第三の世紀――経済大国日本への警告』(ヨリコ・キシモトとの共著、徳山二郎訳、扶桑社、１９８９年)、『トライブス――世界経済を新たに支配するのは誰か』(徳山二郎訳、扶桑社、１９９３年)、『都市から見る世界史』(庭田よう子訳、ランダムハウス講談社、２００７年) がある。

訳者がコトキンのことを知ったのは、保守系の論文雑誌『アメリカン・アフェアーズ』

2021年冬号に掲載されたマイケル・リンドとの共同執筆論文「The Reshoring Imperative（国内回帰が急務）」を読んだときである。コトキンはリンドの『新しい階級闘争』（原題は『The New Class War』）の出版（2020年、邦訳は2022年）に先んじて、2014年に『The New Class Conflict（新しい階級闘争）』（未邦訳）を出版している。その後もチャップマン大学の後援で、コトキンが主宰するポッドキャスト番組「Feudal Future（封建制の未来）」にリンドがゲスト出演するなど、二人がかなりの程度、社会や世界にたいする現状認識や問題意識を共有していることがうかがえる。

リンドの『新しい階級闘争』を翻訳した者として、また『週刊東洋経済』2020年9月5日号の「Inside USA」に会田弘継先生が寄稿されたコラム「民主党の牙城・加州の現実——『新たな封建制』の到来か」に触発されたこともあり、是非とも本書を翻訳したいと思い、編集者の渡辺智顕さんにお願いしたところ快諾いただき、本書の翻訳・出版に至った次第である。

それでは以下、各章の概要を追いながら本書の内容を紹介することとしたい。

第I部は、本書の総論にあたる。コトキンはまず、「新しい封建制」を今日「脱工業経済のもとで、富が少数者の手に集中する傾向がますます強まっている」アメリカその他の国で出現しつつある「新しいかたちの貴族制」であると規定する。そこでは社会の階層化が進み、社会的上昇の機会が狭まりつつある。新しいヒエラルヒーを知的に支えているのが、思想的リーダーやオピニオンメーカーたちに代表される「有識者」である（第1章）。

中世の社会モデルは「祈る人、戦う人、働く人」からなる。原書では、フランス人画家ミシェル・エナンが1789年に描いた3人の男のイラストが表紙絵に使われている。腰を深くかがめて鍬を杖代わりに突いて歩く農夫の老人（働く人）。その背にまたがる聖職者（祈る人）と貴族の騎士（戦う人）。今日、この聖職者と貴族を頂点とする中世の相互依存共同体を、自由主義的資本主義の社会モデルよりも高く評価する見方が出てきている（第2章）。

自由主義的資本主義は、かつて封建制秩序の崩壊を促し、分厚い中流階級の台頭をもたらした。しかし今日、この欧米型資本主義モデルが中流階級の衰退と社会的格差の拡大を招いている。そこでアンチテーゼとして台頭してきたのが、資本主義と権威主義を融合させて経済発展を遂げてきた中国である（第3章）。

以下、第Ⅱ部から第Ⅴ部までは、新しい階級それぞれに焦点を当てた考察が続く。

第Ⅱ部は、寡頭支配層。ひと昔前のテック企業は、創造的破壊によって独占状態を打破し、非独占企業が下からのし上がれることを自ら実証した。彼らは「草の根イノベーション」のお手本として称讃された。しかし現在のスタートアップ企業は、すでに膨大な資金と才能を蓄えている少数の巨大テック企業（テックオリガルヒ）によって芽を摘まれている（第4章）。

テックオリガルヒは、オルダス・ハクスリーが『すばらしい新世界』で描いた「科学的カースト制度」（科学的操作に基づく階級制度）をつくり上げようとしている。中流・労働者階級はますます隅に追いやられるが、追い込まれた彼らが歯向かう事態を回避するため、テックオリガルヒは福祉国家的な政策（労働者の所得保障など）に積極的な姿勢を示している。著者はこのモデルを「寡頭制社会主義」と呼んでいる。労働者は、まともに財産を築けず、農奴も同然の日々を送り、生活の基本的ニーズは補助金でまかなうこととなる（第5章）。

著者の地元カリフォルニア州は「新しい封建制」の未来の縮図といえる。黄金州は過去15年間、テック産業を中心とするベイエリアが州経済を牽引してきたが、「隔離されたイノベーション・エリア」で上流階級は繁栄し、中流階級は衰退し、下流階級は貧窮に陥り、その状態が固定化している（第6章）。

第Ⅲ部は、有識者。近代に入ると、大学教授、コンサルタント、弁護士、科学者、公共知識人などの「有識者」が、知的権威としてかつての聖職者の文化的役割を担うようになった。アカデミズム、ジャーナリズム、エンタテインメントなどの世界は左傾化し、文化的権力はトマ・ピケティの言う「バラモン左翼」に握られている（第7章）。

かつて自由な思想探究の場とみなされていた大学は、いまや異端の考えが攻撃される場としての中世モデルに戻りつつある。現在の大学は、オープンマインドな知識人を育成する場ではなくなり、他者の意見にたいして不寛容になる傾向が強い。また学生も、自国の文化や歴史に関する知識から切り離され、自由主義文化を成り立たせてきたものに無知なまま社会に送り出される。その意味で、大学は自由主義文化の衰退に手を貸している（第8章）。

昨今、若者の宗教離れがしばしば指摘されるが、実際には、社会正義を叫ぶソーシャル・ジャスティス教、環境保護を唱えるグリーン教、テクノロジーによる不死の生命を求めるトランスヒューマニズムという新しい支配階級の宗教が浸透しつつある（第9章）。

第Ⅳ部は、ヨーマン（独立自営農民）。今日の欧米では上への社会移動を意味する「社会的上昇」が危殆に瀕している。アメリカなど高所得国における次世代の若者たちは今後、不動産を所有し、中流階級並みの生活を送ることが難しくなるとみられる（第10章）。

中流階級の困窮化を引き継ぐミレニアル世代は、資産の蓄積もままならず「途方に暮れる世代（ロスト・ジェネレーション）」となる。新しい不動産封建制が到来し、ピケティの言うように「相続財産が復活する」。中流階級は「デジタル封建制」のもとでデジタル農奴に堕していく（第11章）。テック業界や金融業界を牛耳る寡頭支配層は、「バラモン左翼」と気脈を通じて強引に「進歩主義的」政策を推し進め、特に環境問題をめぐってヨーマンと対立する。「グリーン資本主義」は、上流階級が下の者たちを抑圧するための新たな計略である。気候温暖化対策の代償を中流・労働者階級に押しつけるのである（第12章）。

第Ⅴ部は、農奴。中国の出稼ぎ労働者は、社会的上昇の希望はなく、所得も減少し、農奴（隷従）への道に突き進んでいる。アメリカをはじめ事実上すべての高所得国で社会的上昇への期待は萎んでいる。今後の技術革新は、労働者階級から社会的上昇の機会をさらに奪うことになると予想される（第13章）。

今日の労働者階級は「プロレタリアート」というよりも「プレカリアート」と呼ぶのがふさわしい。彼らは日雇いや単発の仕事を請け負うギグワーカーとして非正規で働き、酷使されたあげく、使い物にならなくなれば消耗部品のように廃棄される。一方、先進国では、左翼のジェントリ化（上流階級化、富裕層化）とともに、インテリ左翼と労働者階級の長年の同盟が解消され、裏切られたという思いを抱く労働者は極左に流れ、一方で極右への支持も根強い（第14章）。

「農民反乱小史」は、世界の主な農民反乱の歴史概説である。翻って、現代の欧米にみられる〝農民反乱〟は、グローバリゼーションと貧困国からの移民の大量受け入れが背景にある。移民の受け入れに賛成するエリート層と反対する労働者・中流階級多数派との対立、サムウェア（どこかに）族とエニウェア（どこでも）族の文化的対立、長らくアメリカで忌み嫌われてきた社会主義を支持する若者の増加などの現象は、詰まるところ、人間の存在目的に帰着する。省力化（人減らし）は、有用な仕事をしたいと望む人の尊厳を奪い、国家への依存心を高める人びとを増やすだけである（第15章）。

第Ⅵ部は、新しい封建制の地理学。この考察は、都市研究家である著者の真骨頂といえる。寡頭支配層や有識者層は都心部に住み、それを取り囲むように貧しい大衆が暮らす。この二分化は大都市に典型的な現象である。大都市の高密度化とジェントリフィケーション（高級化）により、コミュニティの社会的バラスト（安定装置）としての中流家庭は消滅しつつある（第16章）。

中流階級が縮小しつつある今日の都市世界は、産業資本主義時代の象徴である社会的上昇のエンジンとしての理想的な都市の姿とは大きくかけ離れている。新しい封建都市の特徴は、「都市の魅惑ゾーンとスラム街」の分断と、子どもと家族（世帯）の消滅である。都市高密度化論者による郊外化批判は、中流階級を社会的に解体することにほかならない（第17章）。

新しい都市のパラダイムは、地方自治、階級の多様性、財産所有の拡大よりも、効率と中央管理を重視する（本書で「財産（property）」という場合、主に土地・家屋（持ち家）の「不動産（real property）」を指すと考えてよい）。デジタル都市、「ビットの都市」、スマートアーバニズム、「電子工学民主主義」など、テックオリガルヒの思うままの都市設計が進行中である。警察国家化が進む中国の監視社会は、私たちの未来都市文明モデルとなる可能性もある（第18章）。

第Ⅶ部「第三身分に告ぐ」は、本書の結論部である。寡頭支配層と有識者層をやりたい放題にさせておくと、彼らは独占資本、侵入技術、思想統制によってディストピアの未来をつくり出すおそれがある。テクノロジー支配により、一般大衆は骨抜き状態にされ、ユヴァル・ノア・ハラリの言う「ホモ・デウス」に支配される社会が到来するかもしれない（第19章）。

人間の素朴な懸念に端を発する行き過ぎた独善は、社会に破壊的影響を及ぼし、階級的反発を招くことがある。これは特に環境問題についていえる。フランスのマクロン政権が気候変動対策の一環として打ち出した燃料税の引き上げが「黄色いベスト」運動につながったのは一つの例である。温室効果ガス排出量削減アプローチは、「問題が複雑になればなるほど、国民の意見を無視したエリート主導の解決策が必要になる」というロベルト・ミヘルスの「寡頭制の鉄則」を示すものである（第20章）。

欧米で起こりはじめた現代版〝農民反乱〟は、支配階級の力に挑むための首尾一貫した行動計画を欠く。新しい封建制に抵抗する鍵は、バリントン・ムーアのいう「多数の政治的に活発な都市住民階級」が握っている。すべては、第三身分が「関与する市民」として、自らの立場を堂々と主張する決意を奮い起こすことができるかどうかにかかっている（第21章）。

かなり大雑把にはなったが、以上が本書の概要である。

経済格差の拡大については指摘されて久しいが、問題は格差それ自体よりも、格差が固定化し、社会的上昇の機会が構造的に奪われていることにある。本書のなかで、著者は終始一貫してそのことを指摘している。常識的に考えて、階級間移動が滞れば、社会の活力が削がれる一方、社会に鬱積する不平不満が爆発し、社会が無秩序（disorder）に陥ることは想像に難くない。新しい封建制を押しとどめ、押し戻せるかどうか、著者が信を置く西洋の自由主義的資本主義を守れるかどうかは、ひとえにこの社会的流動性の回復いかんにかかっているといえるであろう。
※なお、本書冒頭の「凡例」にも記載のように、原注は以下のURLからダウンロードできる。
https://str.toyokeizai.net/books/9784492444788/

【著者紹介】

ジョエル・コトキン（Joel Kotkin）

米国チャップマン大学都市未来学プレジデンシャル・フェロー、都市改革研究所（ヒューストン）エグゼクティヴディレクターを務め、地理学や環境・都市計画の専門家で未来学者でもある。邦訳書に『カリフォルニアInc.』（共著、講談社）、『第三の世紀』（共著、扶桑社）、『トライブス』（扶桑社）、『都市から見る世界史』（ランダムハウス講談社）がある。

【解説者紹介】

中野 剛志（なかの たけし）

評論家。1971年、神奈川県生まれ。元・京都大学大学院工学研究科准教授。専門は政治経済思想。1996年、東京大学教養学部（国際関係論）卒業後、通商産業省（現・経済産業省）に入省。2000年よりエディンバラ大学大学院に留学し、政治思想を専攻。 2001年に同大学院より優等修士号、2005年に博士号を取得。2003年、論文“Theorising Economic Nationalism” (Nations and Nationalism) でNations and Nationalism Prizeを受賞。著書に山本七平賞奨励賞を受賞した『日本思想史新論』（ちくま新書）、『TPP亡国論』（集英社新書）、『国力論』（以文社）、『富国と強兵——地政経済学序説』（東洋経済新報社）、『変異する資本主義』（ダイヤモンド社）などがある。

【訳者紹介】

寺下 滝郎（てらした たきろう）

翻訳家。1965年広島県呉市生まれ。学習院大学法学部政治学科卒業。東洋英和女学院大学大学院社会科学研究科修了。訳書にウォルター・ラッセル・ミード著『神と黄金——イギリス、アメリカはなぜ近現代世界を支配できたのか』（青灯社、上下巻）、マイケル・リンド著『新しい階級闘争——大都市エリートから民主主義を守る』（東洋経済新報社）などがある。主に国際政治・外交・社会評論などの翻訳。

新しい封建制がやってくる

グローバル中流階級への警告

2023年11月14日　第1刷発行
2023年12月15日　第2刷発行

著　者——ジョエル・コトキン
解説者——中野剛志
訳　者——寺下滝郎
発行者——田北浩章
発行所——東洋経済新報社
〒103-8345　東京都中央区日本橋本石町1-2-1
電話＝東洋経済コールセンター　03(6386)1040
https://toyokeizai.net/

装　丁………竹内雄二
ＤＴＰ………アイランドコレクション
印　刷………港北メディアサービス
製　本………積信堂
編集協力……パプリカ商店
編集担当……渡辺智顕
Printed in Japan　ISBN 978-4-492-44478-8